Recetario de Cocina Mexicana

Tomo II

La cocina mexicana hecha fácil

Diana Baker

CATEGORÍA: Recetas de Cocina

Impreso en los Estados Unidos de América

ISBN-10: 1-64081-009-9
ISBN-13: 978-1-64081-009-9

ÍNDICE

INTRODUCCIÓN

Hoy en día la cocina mexicana es popular en casi todas partes del mundo. Su gastronomía se caracteriza por ser muy variada y rica en sabores distintivos y exóticos. Los platos y bebidas tradicionales contienen sabores y texturas de gran delicadeza y hasta los sabores fuertes, intensos y amargos se han hecho populares por doquier.

La gastronomía de México se caracteriza por la originalidad y diversidad en cada uno de sus platillos, y origen único de su elaboración que son resultado de cientos de años de cultura gastronómica iniciada desde las primeras civilizaciones indígenas.

Son muchos los ingredientes y condimentos que diferencian cada preparación, y el novato quizás vea la cocina mexicana como 'un idioma extraño'. Sin embargo al comprender la complejidad de la elaboración te darás cuenta que no todo es tan difícil, y uno comienza a acostumbrarse a utilizar los ingredientes más típicos y reconocer sus sabores.

Para el que ama la cocina mexicana y disfruta preparar nuevos platillos, este libro será un reto muy tentador. Y yo estoy aquí para brindarte todas las herramientas necesarias.

Es un gran placer para mí compartir esta obra y acompañarte, de algún modo, siempre que te dispongas a elaborar un platillo al estilo mexicano.

El *Recetario de Cocina Mexicana* es la cocina mexicana hecha fácil. Porque lo he confeccionado con la idea de simplificar cada obstáculo que se presenta al elaborar estos platillos típicos.

Es mi deseo que cada una de las siguientes recetas sea una aventura de aprendizaje y nuevos sabores... pero sobre todo, espero puedas disfrutarlas junto a quienes más amas.

Sólo queda empezar....y a paso firme no aflojar.

Diana Baker

PD: Por favor, no olvides revisar todas las herramientas que este recetario contiene para hacer la elaboración de cada receta más fácil.

CÓMO UTILIZAR
ESTE RECETARIO

Este libro ha sido preparado con cariño para ti. Sé que te atraen los sabores tan exquisitos de la cocina mexicana, y mi objetivo es que descubras cuán fácil es elaborarlos.

Para sacar el mayor beneficio de este Recetario, toma unos minutos para leer estos consejos antes de ir directamente a las Recetas. Debajo encontrarás una serie de herramientas que serán de una gran ayuda cuando elabores las comidas.

Glosario

Es muy importante que eches un vistazo al Glosario (aunque más no sea una lectura rápida).

¿Qué me ofrece el glosario?

El Glosario es la herramienta que debes utilizar cuando encuentres en la receta un término o ingrediente que desconoces. Allí puedes consultar datos e información (incluso fotos) que te ayudará a conocer el ingrediente o reemplazarlo si fuese necesario.

El Glosario es una herramienta útil de consulta permanente y es importante que lo tengas presente en todo momento.

Antes de llegar a la sección de Recetas encontrarás no sólo el Glosario y Equivalencias en las Medidas sino también las siguientes secciones de ayuda:

Equivalencias de Medidas

Esta es otra herramienta muy práctica ya que te resuelve las cantidades a usar. Las medidas se pueden dar en gramos o en tazas etc. y esta tabla te da la equivalencia según tu preferencia. No dejes de consultarla porque te ahorrará mucho tiempo.

Equivalencias de Temperatura

La temperatura del horno se puede dar de diferentes maneras: según los ° C (Centígrados), ° F (Fahrenheit), gas o en términos de calor como moderado o medio-bajo etc.

Esta tabla te simplifica todo ya que aclara las equivalencias de cada método.

Equivalencias de Cantidades

Si la receta da los ingredientes para una cantidad de comensales mayor o menor de lo que tú quieres, esta guía práctica te ayudará a aumentar o reducir las cantidades en base a los comensales.

Tips, o ayuditas, para remediar los percances en la cocina.

A todos nos pasa. Salamos por demás la comida...se nos quema...y por dentro va la pregunta ¿qué puedo hacer ahora? En esta sección puedes encontrar unas ayuditas para esos momentos de frustración.

Preguntas Frecuentes

¿Cómo puedo sustituir los ingredientes?

Sé que a menudo en ciertos países resulta imposible hacerse de todos los ingredientes que requiere una receta mexicana. Por eso he confeccionado el Glosario, para ayudarte a sustituir los ingredientes originales por otros con características similares y que sí puedas encontrar en tu país.

¿Por qué el Glosario y no una lista de sustitutos?

Sería un imposible e interminable intentar recopilar cada sustituto posible para tantos ingredientes y para tantos países diferentes. Los alimentos difieren mucho de país en país y lo más recomendable para cada cocinero, quien conoce mejor los gustos y sabores de su propia región, es considerar el sustituto correcto en base a la información proporcionada por el Glosario.

En el Glosario encontrarás una descripción breve de cada ingrediente. De esa manera, al conocer su característica, podrás reconocer al sustituto correcto y comprarlo en tu mercado habitual. Por ejemplo en el caso de los quesos, que muchas veces tienen diferentes nombres, texturas y sabores, de acuerdo al país y la región, encontrarás información sobre cada uno en el Glosario y de esta forma sabrás cómo reconocerlo y/o reemplazarlo adecuadamente.

¿Dónde puedo encontrar productos mexicanos?

La cocina mexicana se ha hecho muy popular en todo el mundo y en los últimos años los países están importando cada vez más productos mexicanos, por lo que te sugiero que primeramente investigues en los supermercados más grandes, en la sección de alimentos extranjeros, o en tiendas de alimentación especial. Otra buena opción es caminar por los vecindarios donde suelen vivir gran cantidad de mexicanos, allí seguro encontrarás productos regionales y como mínimo, podrás recoger información útil de dónde adquirirlos.

Consideraciones

Las Recetas

Es muy importante que leas toda la receta antes de empezar la elaboración. Es frustrante llegar a la mitad de un hermoso platillo para encontrar que no tienes uno de los ingredientes o que no sabes cómo seguir por no entender cómo hacerlo. Se debe leer la receta entera para saber los ingredientes a usar y entender los pasos para lograr ese plato escogido, y hacerlo con seguridad y placer.

Las fotos

Tomar fotos de todas y cada una de estas recetas es un trabajo enorme, al menos para mí que no me llevo bien con estos aparatos. Por suerte he podido recurrir a diversas fuentes para retratar cada platillo terminado.

Ahora bien, lo que quiero decirte es que las fotografías son sólo ilustrativas. ¿Qué quiero decir con esto? Que si preparo el platillo por segunda vez ¡no me saldrá exactamente igual!

Por eso, tampoco tú pretendas imitar las fotografías de mis platillos. La foto es sólo una guía para conocer mejor la comida. Te puedo asegurar que la misma receta, hecha por dos chefs, tendrá el 99% de las veces un aspecto completamente diferente.

No te estanques en copiarlo igual que la foto. Eso no es lo importante. La receta que tú haces es tuya propia y contiene tu sello, tu estilo. No dejes de lado tu impronta personal por nada del mundo.

Tu propia receta

Algo similar quiero decirte respecto a la elaboración y ejecución de cada receta. Es importante a tener en cuenta que las recetas son una guía para llegar a un plato deseado. Solamente una guía.

Puedes seguir al pie de la letra cada receta y eso está muy bien. Pero más interesante aún es que cada receta que elabores lleve tu toque personal. No te preocupes si la receta ha salido distinta, si omitiste un ingrediente o le agregaste otro. Experimenta y haz tus propias recetas de acuerdo a tus gustos y los de tu familia.

No te sientas derrotado/a por no haber logrado seguir fielmente la receta, más bien siéntete orgulloso/a por haber creado una nueva variante de ese platillo. Al fin y al cabo, esto es lo que ha pasado a lo largo de la historia de la gastronomía mexicana (y del mundo)... los platillos van mutando en la medida que son adoptados por nuevas culturas y se diseminan por diferentes áreas geográficas, logrando así nuevas combinaciones, sabores, texturas... creo que entiendes de lo que hablo.

Así que, modifica todo cuanto desees para hacer las tuyas... este recetario tiene como fin que disfrutes haciendo los platos y domines la receta sin sentir que la receta te domina a ti.

TABLAS DE EQUIVALENCIAS

Estas son las medidas tradicionales que se utilizan en la cocina anglosajona y de algunos países de Europa. Encuentra las equivalencias en las tablas debajo para convertir cada medida correctamente. Ten en cuenta que todas las medidas son redondeadas para lograr menor complejidad a la hora de realizar cálculos.

PESO
¾ oz ....20 g
1 oz ....25 g
1 ½ oz .... 40 g
2 oz ....50 g
2 1/2oz .... 60 g
3 oz ....75 g
1 libra (lb) ......450 g
2 libras (lbs) ....900 g
2.2 libras ....1 kilo o 35 oz
3 libras ....1350 g

LÍQUIDOS
¼ taza (cup)................60 ml
1/3 taza ....80 ml
½ taza ....120 ml
1 taza ....240 ml.
1 cucharada (tablespoon)....15 ml
1 cucharadita (teaspoon) ... 5 ml
1 onza (fluid ounce) ....30 ml
1 pinta (pint) ....500 ml
1 pinta británica ....600 ml
1 US quart ....1 litro
1 galón americano ....3.8 litros
1 galón británico............. 4.5 litros

Equivalencias para medidas comunes

Las tablas a continuación te permitirán utilizar tus utensilios preferidos o los que tienes a mano. Sólo debes buscar el tipo de utensilio (o tipo de medida) que deseas utilizar y descubrirás cómo reemplazarlo.

CUCHARAS
1 cucharadita ......5 g
1 cucharada ....15 g
16 cucharadas .....1 taza

MILILITROS
1 ml ....¼ cucharadita
5 ml ....1 cucharadita
20 ml ....1 cucharada
80 ml ....1/3 taza
125 ml (0.12 litro .....½ taza
250 ml (1/4 litro) ..... 1 taza o 16 cucharadas
½ litro .... 1 pint
4 litros .... 4 quarts o 1 galón

TAZAS PARA LÍQUIDOS
1 taza ....250 ml o ¼ litro o 16 cucharadas
½ taza ......125 ml
1/3 taza ......80 ml
¼ taza ....60 ml

GRAMOS PARA LÍQUIDOS
5 g = 60 gotas
10 g = 2 cucharaditas
15 g =3 cucharaditas

Equivalencias para ingredientes comunes

La tabla que sigue a continuación te permitirá obtener las proporciones adecuadas en función del ingrediente y tu método preferido de medición (tazas, gramos u onzas).

Recuerda que 1 taza de azúcar y 1 taza de harina no pesan igual, pues ambos tienen diferente composición. En este caso, la taza de harina será más liviana. Así pues, para ayudarte cuando te enfrentes a una situación similar consulta esta tabla con los ingredientes más comunes.

Ingrediente	1 taza		½ taza		1/3 taza		¼ taza	
Arroz crudo	190g	6.6oz	95g	3.3oz	65g	2.3oz	48g	1.7oz
Avena	90g	3.1oz	45g	1.6oz	30g	1oz	22g	0.8oz
Azúcar granulada	200g	7oz	100g	3.5oz	65g	2.3oz	50g	1.7oz
Azúcar en polvo	100g	3.5oz	50g	1.75oz	35g	1.2oz	25g	0.87oz
Azúcar morena (compacta)	180g	6.3oz	90g	3.15oz	60g	2.1oz	45g	1.57oz
Harina de trigo	120g	4.2oz	60g	2.1 oz	40g	1.4oz	30g	1oz
Harina de maíz	160g	5.6oz	80g	2.1oz	50g	1.7oz	40g	1.4oz
Maicena	120g	4.2oz	60g	2.1 oz	40g	1.4oz	30g	1oz
Macarrones	140g	4.9oz	70g	2.4oz	45g	1.6oz	35g	1.2oz
Manteca	240g	8.4oz	120g	4.2oz	80g	2.8oz	60g	2.1oz
Nueces picadas	150g	5.2oz	75g	2.6oz	50g	1.7oz	40g	1.4oz
Nueces enteras	120g	4.2oz	60g	2.1 oz	40g	1.4oz	30g	1oz
Queso rallado	90g	3.1oz	45g	1.6oz	30g	1oz	22g	0.8oz
Sal	300g	10.5oz	150g	5.2oz	100g	3.5oz	75g	2.6oz
Pan rallado	150g	5.2oz	75g	2.6oz	50g	1.7oz	40g	1.4oz

Equivalencias para la temperatura del horno

La tabla a continuación no te dejará fallar a la hora de utilizar el horno. Es bien sabido que los valores de temperatura varían en función a cada tipo de horno y claro, al país donde uno vive.

Utiliza la siguiente tabla para regular la temperatura de tu horno de manera correcta.

Fahrenheit	Centígrados	Gas	Calor
225	110	1/4	Muy bajo
250	120/130	1/2	Muy bajo
275	140	1	Bajo
300	150	2	Bajo
325	160/170	3	Moderado
350	180	4	Moderado
375	190	5	Medio
400	200	6	Medio
425	220	7	Caliente
450	230	8	Caliente
475	240	9	Muy Caliente

Convertir una receta de acuerdo a los comensales

Todos hemos enfrentado esta situación y resulta muy fácil cuando tienes una receta para cuatro y debes cocinar para ocho personas. Sólo debes utilizar el doble de ingredientes. O bien, si quieres reducir la receta para dos personas sólo debes utilizar la mitad de ingredientes. ¿Fácil verdad?

Pues no tanto, a veces es un poco más complejo. ¿Cómo harías si tienes una receta para cuatro personas pero necesitas hacerla para siete? ¿O si tienes una receta para ocho y necesitas reducirla para una sola?

Muy simple, no importa si quieres aumentar o reducir la receta, el procedimiento para ajustar la receta es el mismo y lo llamamos "convertir la receta". ¿Cómo se hace?

Lo primero que debes hacer es calcular el "factor de conversión" (no te asustes, es sólo un número y por sí solo te permitirá convertir TODAS las cantidades fácilmente). En otras palabras, si obtienes este número lo demás es un juego de niños.

Para obtener el "factor de conversión" todo lo que debes hacer es: dividir la cantidad de comensales que deseas por la cantidad de comensales de la receta.

Ejemplo

Digamos que tienes una receta para 4 personas pero deseas cocinar para 11. En este caso debes:

1) Dividir: 11/4= **2.75 factor de conversión**

$$\text{dividido} \quad \frac{\text{Cantidad de Personas que Necesitas}}{\text{Cantidad de Personas de la Receta}} = \text{FACTOR DE CONVERSIÓN}$$

2) Ahora sólo tienes que multiplicar los ingredientes de la receta por 2.75 (tu factor de conversión).

De este modo, si la receta dice 3 tazas de harina, multiplícalo por el factor de conversión: 2.75 x 3 tazas de harina= 8 1/4 tazas de harina (esta es la cantidad de harina que necesitas para 11 personas).

Tabla de sustitución de alimentos

Si te quedaste sin un ingrediente y necesitas reemplazarlo de emergencia, utiliza esta tabla. En ella hay una lista de ingredientes comunes que pueden ser reemplazados con otros alimentos.

Ingrediente	Cantidad	Sustituto
Ajo	1 diente	1 cda. de sal de ajo o 1/8 cda. de ajo en polvo o 1/4 cda. de ajo seco molido
Arrurruz	1 1/2 cdita.	1 cda. de harina o 1 1/2 cdita. de maicena
Azúcar	1 taza	1 taza miel o 1 taza de jarabe de maíz o 1 taza de melaza o 1 taza de zahína (Reducir líquido de la receta en 1/4 taza)
Azúcar en polvo	1 taza	Mezclar en el procesador 1 taza de azúcar granulada + 1 cda. de maicena hasta convertir en polvo
Azúcar morena	1 taza	1 taza de azúcar granulada + 2 cdas de melaza o jarabe de maíz oscuro.
Cacao en polvo	3 cdas	1 oz. chocolate sin azúcar+ 1/8 cda. bicarbonato
Caldo	1 taza	1 1/2 cdita. de caldo en polvo disuelto en 1 taza de agua hirviendo
Cebolla	1	2 cdas de cebolla molida o 1 cdita. de cebolla en polvo
Cebolleta/ cebolla de verdeo (Chives)	1 taza	1 cda. de cebolleta deshidratada o 2 cdas de puerro/cebolla verde picados
Chocolate	1 oz	3 cdas de cacao + 1 cda. de mantequilla o 3 cdas. de polvo de algarroba + 1 cda. de mantequilla
Crema	1 taza	3/4 taza leche + 1/3 taza mantequilla o margarina
Crema agria (Sour cream)	1 taza	1 taza de yogurt natural o 3/4 taza de leche + 3/4 cda. de jugo de limón

		+ 1/3 taza de manteca
Crema tártara	1/2 cdita.	1 1/2 cdita. de vinagre o jugo de lima
Especia de Pie de Manzana	1 cdita.	1/2 cdita. Canela + 1/4 cdita. de nuez moscada + 1/8 cdta de cardamomo
Gelatina saborizada	3 oz	1 cda. de gelatina sin sabor + 2 tazas de jugo de frutas
Harina de repostería	1 taza	1 taza de harina regular menos 2 cdas.
Harina leudante	1 taza	1 taza de harina regular + 1 cdita. de polvo de hornear + 1/2 cdita. de sal
Harina para todo uso	1 taza	1 taza de harina para repostería más 2 cdas.
Hojas de laurel (bay leaves)	1	1/4 cdita. de hojas de laurel molidas
Huevos	1	2 yemas + 1 cda. de agua o 1 cda. de huevo en polvo + 2 cdas de agua
Jarabe de maíz	1 taza	1 taza de jarabe de arroz o cocinar 1 taza de azúcar granulada + 1/4 taza de agua cocinar hasta que tome punto.
Jengibre	1 cda.	1 cda. de jengibre confitado remojado en agua (para quitar el azúcar) o 1/2 cdita. de jengibre en polvo
Jugo de limón	1 cdita.	1/2 cdita. de vinagre
Jugo de tomate	1 taza	1/2 taza de salsa de tomate + 1/2 taza de agua
Kétchup	1 taza	1 taza salsa de tomate + 1/4 taza de azúcar morena + 2 cdas de vinagre
Leche condensada	1 lata	Cocinar 3/4 taza leche en polvo + 1 taza azúcar + 3 cdas de mantequilla
Leche entera	1 taza	1/2 taza de leche evaporada + 1/2 taza de agua o 4 cdas de leche en polvo + 1 taza de agua
Limón rallado	1 cdita.	1/2 cdita. de extracto de limón

Maicena (como espesante)	1 cda.	2 cdas de harina o 1 cda. de polvo de arruxruz.
Manteca	1 taza	1 taza de margarina o 1 taza de aceite
Mayonesa	1 taza	1 taza de crema agria o 1 taza de yogurt
Miel	1 taza	1 1/4 taza de azúcar + 1/4 taza de agua
Pan rallado	1 taza	3/4 taza de galletas molidas
Perejil (deshidratado)	1 cdita.	3 cda.s de perejil fresco molido
Pimienta inglesa (allspice)	1 cdita.	1/2 cdita. de canela + 1/2 cdita. de clavos de olor molidos
Pimientos rojos (deshidratados)	1 cda.	3 cda.s de pimientos rojos molidos
Pimientos verdes (deshidratados)	1 cda.	3 cda.s de pimientos verdes molidos
Polvo de hornear	1 cda.	1/4 cda. De bicarbonato de sodio + 1/2 cda. de crema tártara
Sal de ajo	1 cda.	1/8 cda. de ajo en polvo + 7/8 cda. de sal
Salsa de Chili	1 taza	1 taza salsa de tomate + 1/4 taza de azúcar morena + 2 cdas vinagre, 1/4 cdita. de canela + 1 pizca de clavo de olor en polvo + 1 pizca de pimienta
Salsa de tomate	1 taza	1/2 taza de pasta de tomate + 1/2 taza de agua
Sazonador italiano	1 cda.	1/2 cda. de albahaca + 1/4 cda. de orégano + 1/4 cda. Tomillo
Suero de leche (Buttermilk)	1 taza	1 taza de yogur o 1 taza de leche + 1 3/4 cdita. crema tártara o 1 taza de leche + 1 cda. de jugo de limón
Tapioca	2 cdas	3 cdas de harina

Vino blanco	1 taza	1 taza de jugo de uva blanca, jugo de manzana, caldo de pollo o agua
Vino rojo	1 taza	1 taza de cidra de manzana, caldo de carne o agua
Yogurt	1 taza	1 taza de leche cortada o crema agria

Cómo remediar problemas comunes en la cocina

Si has agregado demasiada sal a alguna receta...

....añadir una cucharada de vinagre blanco destilado y azúcar para corregir el sabor.

Si el guiso te ha salido demasiado salado...

...agregar algunos trozos de patata en cubitos y seguir cocinando. La patata absorberá la sal. Se puede quitar estos trozos de patatas.

Si has salado la carne por demás...

...agrega una salsa de mantequilla inmediatamente para absorber la sal, porque la mayoría está en la periferia.

Si salas el pescado por demás...

...servir con puré de papas sin sal porque el pescado tiene una estructura más porosa que la carne. O hervir algunas hierbas con el pescado para que absorba la sal.

Si salas las verduras por demás...

... solo puedes agregar la misma cantidad de verduras sin sal y luego juntar y hacer puré.

Si salas por demás los champiñones...

... agregar un poco de agua con jugo de limón.

Si has salado la sopa por demás...

...sólo hace falta agregar alguna pasta, arroz o papas.

Si la salsa, sopa o guiso tiene demasiado sabor a ajo…

… coloca unas hojas de perejil y dejarlo unos minutos en la comida. El perejil absorbe el sabor a ajo. Luego retirar.

Si la mayonesa se ha cortado…

… batir una yema en otro bol. A esta agrega lentamente la mayonesa cortada, batiendo todo el tiempo.

Si el guiso, la sopa o la salsa te ha salido demasiado grasoso…

… echar un cubito de hielo. El hielo atrae la grasa y entonces podrás sacar el exceso con más facilidad. Otro método sería agregar una pizca de bicarbonato de soda.

Si se derrama alguna comida cuando cocinas en el horno,…

…echar sal encima. No habrá olor feo y será mucho más sencillo limpiar cuando se enfríe el horno.

Para quitar el sabor a quemado del arroz…

… colocar un trozo de pan blanco arriba del arroz durante 5 a 10 minutos.

Para evitar el olor al cocinar la coliflor…

…añadir al agua un chorrito de vinagre o una cucharada de harina disuelta en un poco de agua fría.

Para eliminar el olor ahumado…

Si se quema lo que estás cocinando y el olor a humo ha penetrado la cocina, colocar la olla sobre sal y el olor desaparece.

Si sueles confundir la sal con el azúcar…

…para evitar una sorpresa desagradable, es aconsejable guardar cada alimento en un recipiente de color diferente

.

RECETAS

ANTOJITOS

Berenjenas Capeadas Campechanas

Esta receta fácil y muy sabrosa de berenjenas capeadas es del Estado de Campeche. El término capeado, usado en México significa pasar un alimento por harina y huevo batido y después freírlo en aceite.

Ingredientes: para 8 personas
- 3 berenjenas
- 100 g harina
- 5 huevos
- Sal al gusto
- Aceite

Para acompañar:

- Cebollas curtidas
- Chiles jalapeños
- 1 lechuga

Preparación:

Primero, para eliminar el sabor amargo de las berenjenas: lavarlas bien, cortar en rebanadas, y espolvorear con sal. Dejar unos 30 minutos para que la berenjena suelte el jugo, que contiene solanina, la sustancia nociva.

Luego enjuagar bajo agua y secar cada trozo.

Cocinar las berenjenas con sal. Escurrir.

Pasar las berenjenas por harina y luego por huevo batido a punto de turrón, es decir, que al batir los huevos tienes que lograr una espuma firme, que al voltear el recipiente, el huevo batido no se caiga.

Freír las berenjenas y servir calientes con cebolla curtida, chile jalapeño rebanado y lechuga.

TIP: Para que los chiles no sean tan picantes, se deben quitar las semillas. Hacer cuatro cortes longitudinales por los costados, sin tocar el tallo y la vaina. El grupo de semillas quedan en el centro del chile. Luego, al quitar las 4 partes carnosas del chile, es fácil desechar las semillas y el tallo.

Curtido de Cebollas

Las cebollas encurtidas, llamadas también cebollas curtidas, encurtido de cebollas o curtido de cebollas, son cebollas cortadas en rodajas finas y se curten con sal y jugo de limón.

Algunos le agregan una pizca de azúcar y un poco de vinagre, o un clavo de olor o canela. También se puede usar las cebollas encurtidas como base para curtidos con otras verduras – con pepinos, con tomates, con rábanos, entre otros.

Las salsas encurtidas son excelentes para acompañar una gran variedad de platos, en especial para aquellos platos que necesitan un toque de acidez, como los mariscos o carnes ricas en grasa.

Ingredientes: rinde 2 tazas
- 2 cebollas rojas, pequeñas, peladas
- El jugo de 3 limones grandes
- 1 cucharada de aceite
- 1 cucharada de sal y un poco más para ajustar el sabor

Preparación:

Con un cuchillo bien afilado cortar las cebollas por la mitad y luego cortar en rodajas muy finas. Ponerlas en un recipiente de vidrio.

Espolvorear las rodajas de cebolla con la cucharada de sal y un chorrito de jugo de limón. Revolver bien y dejar reposar por 10 minutos.

Cubrir las cebollas con agua tibia y dejar reposar por otros 10 minutos.

Colar o cernir el agua y lavar bien las cebollas hasta que les haya quitado la sal.

Agregar el resto del jugo de limón, la sal y el aceite y mezclar bien.

Cubrir las cebollas y dejar reposar por unas 3 horas en el refrigerador. Mientras más tiempo pase, se tornan más color rosado.

Probar antes de servir y agregar sal si hiciere falta.

TIP: Para que los chiles no sean tan picantes, se deben quitar las semillas. Hacer cuatro cortes longitudinales por los costados, sin tocar el tallo y la vaina. El grupo de semillas quedan en el centro del chile. Luego, al quitar las 4 partes carnosas del chile, es fácil desechar las semillas y el tallo.

ARROZ Y PASTA

Pasta con Cerdo

En una tarde fría, este plato picante realmente proporciona calor. Es un divertido cambio a los espaguetis.

Ingredientes: para 4 personas
- 450 g chorizo de cerdo picante
- 1 cebolla mediana, picada
- 1/2 taza de pimiento verde picado
- 410 g de tomates estofados
- 225 g de salsa de tomate
- 1 taza de pasta de espiral sin cocer
- 2 cucharadas de azúcar morena
- 1 a 2 cucharaditas de chile en polvo
- 1 cucharadita de sal
- Queso Parmesano, opcional

Preparación:

En una sartén grande cocinar el chorizo a fuego medio hasta que ya no esté de color rosa.

Escurrir.

Agregar la cebolla y el pimiento verde y cocinar hasta que estén tiernos.

Añadir los tomates, la salsa de tomate, la pasta, el azúcar morena, el chile en polvo y la sal.

Cubrir y cocinar a fuego lento durante 20 minutos o hasta que la pasta esté tierna.

Espolvorear con queso parmesano si lo desea.

TIP: Para que la pasta no esté tan pegajosa, agregar un chorrito de vinagre blanco destilado al agua de cocción.

Canelones a la Mexicana

Una deliciosa receta que se puede servir con arroz, salsa y chips de tortilla. Para los vegetarianos se puede suprimir la carne y queda igual de delicioso. La masa de manicotti es parecida a la de la lasagna.

Ingredientes: para 8 porciones
- 900 g de carne molida sin grasa
- 450 g de frijoles refritos (ver receta)
- 2 1/2 cucharaditas de chile en polvo
- 1 1/2 cucharaditas de orégano seco
- 250 g tapas manicotti (tapas de pasta para canelones) sin cocer
- 2 1/2 tazas de agua
- 450 g de salsa picante
- 450 g de crema agria
- 225 g de mezcla de queso mexicano
- 1/4 taza de cebollas verdes en rodajas
- Aceitunas negras en rodajas, opcionales

Preparación:

En un bol grande, mezclar la carne cruda, los frijoles, el chile en polvo y el orégano.

Colocar esta mezcla en las tapas manicotti crudos.

Poner las tapas rellenas en un molde engrasado para horno.

Mezclar el agua y la salsa picante, luego verter sobre las tapas.

Cubrir y refrigerar toda la noche.

Sacar de la refrigerador 30 minutos antes de hornear.

Cubrir y hornear a 350 ° C durante 1 hora.

Destapar y echar la crema agria por encima.

Espolvorear con queso, cebolla y aceitunas, si se desea.

Hornear 5-10 minutos más o hasta que el queso se haya derretido.

Arroz Blanco

El arroz es un alimento tradicional en la cocina mexicana. Se usa para acompañar innumerables platos. A su vez, se puede preparar de muchísimas maneras. La siguiente es la receta básica para arroz blanco.

Ingredientes: para 2 personas
- 1 taza de arroz
- 2 tazas de agua
- ½ cucharadita de sal
- 1 cucharada de mantequilla o aceite (opcional)

Preparación:
No es necesario lavar o colar el arroz blanco de antemano. Algunos arroces tienen más almidón que otros y puede que haya algún resto indeseable.

Hay muchos distintos tipos de arroz, para la mayoría puedes tomar la proporción de 1 taza de arroz para cada 2 tazas de agua.

Medir ½ taza de arroz crudo por cada persona. Según el arroz, necesitará más agua o no. La etiqueta del paquete te puede instrucciones más específicas al respecto.

Llevar el agua a ebullición. El arroz se expande al cocinar a medida que absorbe el agua, por lo que debes elegir la cacerola de tamaño adecuada.

Cuando hierve el agua, agregar el arroz, la sal y la mantequilla si la usas. Tapar la cacerola y bajar el fuego a mínimo para que se cocine parejo y no se queme.

No se debe destapar durante la cocción ya que el vapor se escapa y esto afecta el tiempo de cocción.

El tiempo aproximado de cocción para arroz blanco son 18 a 25 minutos y para arroz integral de 30 a 40 minutos.

Revisar unos minutos antes de finalizar la cocción. El arroz debe estar firme pero tierno y no crocante. Puede ser algo pegajoso pero no gomoso.

Cuando esté listo, apagar el calor. Si aún queda agua en la cacerola, inclinar para drenar el agua restante.

Tapar la cacerola nuevamente y dejar que siga su cocción en el vapor durante unos 5 minutos más.

El arroz se mantiene bien en el refrigerador durante varios días así que se puede hacer más cantidad para tenerlo listo para otro plato.

TIP: Para conseguir que el arroz blanco quede suelto y más 'esponjoso' al cocinar, añadir unas gotas de limón o vinagre de sidra de manzana al agua de cocción.

Arroz con Frijoles Negros

El líquido de la cocción de alubias es perfecto para hervir el arroz…y el de frijoles negros aún más, por el delicioso sabor y el bonito color que da al arroz.

Una variación: sustituir los frijoles negros por alubias pintas o garbanzos. Seguir la receta exactamente igual y servir el arroz con una salsa picante salada, o como guarnición de platos de carne asada.

Ingredientes: para 4 personas
- 1 cebolla picada
- 5 dientes de ajo majados
- 225 ml de caldo de pollo o de verduras
- 2 cucharadas de aceite vegetal
- 175 g de arroz grano largo
- 225 ml del líquido de la cocción de frijoles negros y un puñado de frijoles
- ½ cucharadita de comino molido

- Sal y pimienta

Para adornar:
- 3 a 5 cebolletas en rodajas finas
- 2 cucharadas de cilantro fresco picado

Preparación:
Poner en una procesadora de cocina la cebolla, el caldo y el ajo.

Triturar la mezcla hasta formar una salsa.

Calentar el aceite en una sartén profunda y dorar el arroz.

Agregar la salsa de cebolla y el líquido de cocción de los frijoles (incluyendo los frijoles).

Sazonar a gusto con comino, sal y pimienta.

Tapar la sartén y cocinar a fuego medio-bajo durante 10 minutos, o hasta que el arroz esté en su punto. El arroz debe quedar del tono morado.

Separar los granos de arroz con un tenedor.

Tapar la sartén y dejarlo reposar 5 minutos.

Servir el arroz adornado con cebolleta y cilantro.

TIP: Para darle un sabor suculento a los caldos de carne o verdura, agregar algunas cortezas de queso.

BEBIDAS

Refresco de Coco y Lima

Esta bebida deliciosa de frutas es fresca y fragante. Está repleta de los sabores tropicales de México. Refresca y reanima a cada sorbo. Para convertir el refresco en una bebida alcohólica, añadir 2 cucharadas de ron blanco por persona. Adornar la bebida con trozos de frutas tropicales.

Ingredientes: para 4-6 personas:
- 450 ml de leche de coco sin endulzar
- 125 ml de zumo de lima recién exprimido

- 1 litro de zumo de frutas tropicales como mango, papaya, guayaba, o granadilla
- Azúcar al gusto
- Hielo picado
- Ramitas de menta fresca, para adornar

Preparación:

Mezclar en un cuenco grande que no sea metálico, la leche de coco, el zumo de lima, el zumo de frutas tropicales y azúcar a gusto.

Añadir el hielo y batir la mezcla bien. También se pueden batir los ingredientes en una licuadora o batidora.

Verter el refresco en vasos altos. Adornar con ramitas de menta y servir enseguida.

TIP: Para elaborar un batido helado de fruta y yogur, no utilizar ni la sandía ni la piña. Batir las demás frutas juntas y sustituir el zumo por una mezcla en partes iguales de yogur de frutas y leche.

Chihuahua Veloz

Al sabor fresco de la margarita se añade al jugo de un pomelo y se consigue un refresco ideal para el verano.

Ingredientes: para 3 porciones
- 3 rodajas de lima
- Sal para el borde de los vasos
- Cubitos de hielo
- 120 g de tequila blanco
- 30 g de licor de sabor naranja como Cointreau ®
- El jugo de 2 limas
- 240 g de jugo de pomelo
- 3 cucharadas de agua mineral con gas

Preparación:
Frotar una rodaja de lima alrededor de los bordes de los 3 vasos de margarita, y sumergir cada borde de vidrio en sal.

Colocar hielo en cubos cada vaso.

Mezclar el tequila, el licor de naranja, jugo de lima y el jugo de pomelo en una jarra y verter en los vidrios sobre el hielo.

Añadir un chorrito de soda a cada vaso y sirva. Servir la sangría enseguida.

Rompope – Licor de Huevos

Delicioso, espeso y dulce - Este licor de leche con sabor a canela y vainilla es una deliciosa alternativa a los ponches comprados durante los días festivos.

Ingredientes: hace aproximadamente 1 litro
- 4 tazas de leche
- 3/4 taza de azúcar
- 1 rama de canela, preferiblemente mexicana
- 6 yemas de huevo
- 2/3 taza de ron dorado
- 1 cucharadita extracto de vainilla, preferencia mexicano

Preparación:
En una cacerola de 4 litros, mezclar la leche, el azúcar y la canela.

Colocar a fuego medio-alto y llevar a ebullición. No revolver la leche, sino usa una cuchara para quitar la grasa y eliminar cualquier nata que se forma en la superficie del líquido.

Hervir hasta que la mezcla se reduce a alrededor de 2 3/4 tazas, unos 25-30 minutos.

Retirar y desechar la canela.

Batir las yemas de huevo en un bol de metal. Mientras bates las yemas continuamente, echa lentamente la mezcla de leche caliente.

Colocar el bol sobre una olla de agua hirviendo a fuego lento, asegurando de que la parte inferior del recipiente no toque el agua, y cocinar, revolviendo constantemente con una cuchara de madera, hasta que la mezcla espese lo suficiente para cubrir la parte de atrás de la cuchara o hasta que alcance 175 ° en un termómetro de lectura instantánea, unos 5 minutos.

Colocar inmediatamente el bol en un recipiente más grande de agua con hielo y dejar enfriar, revolviendo con frecuencia.

Agregar el ron y la vainilla y batir.

Colar la mezcla a través de un tamiz fino en un frasco o botella de un litro.

Refrigerar por 8 horas o toda la noche para que los sabores se mezclen.

Servir muy frío.

TIP: Si se te acabaron los huevos puedes sustituir por lo siguiente: Un huevo equivale a dos cucharadas de leche, media cucharada de jugo de limón y media cucharada de bicarbonato.

CARNES Y GUISOS

Solomillo de Cerdo con Chiles Chipotle
y Salsa de Fresas y Aguacate

Una receta deliciosa a la parrilla. Es un favorito en cualquier barbacoa. Las fresas y el aguacate contrastan con el sabor fuerte del cerdo.

Ingredientes: para 6 porciones
- 1 taza de cebolla en rodajas
- 1/2 taza de pimientos chipotle en salsa de adobo, picados
- 1/4 taza jugo de limón
- 1 a 1 1/2 cucharaditas de ajo picado
- 1 kilo filetes de cerdo

Para la salsa de fresa y aguacate:
- 5 tazas de fresas frescas en rodajas
- 1/4 taza de cebollas verdes en rodajas finas

- 1/4 taza de cilantro fresco picado
- 1/4 taza jugo de limón
- 1/4 cucharadita de sal
- 1 aguacate tamaño medio, maduro, pelado y picado

Preparación:

En una bolsa grande de plástico con cierre, mezclar la cebolla, chipotle pimiento, el jugo de limón y el ajo junto con la carne de cerdo.

Sellar la bolsa y hacerla girar suavemente para mezclar. Refrigerar por lo menos 1 hora.

Preparar el asador a fuego indirecto.

Escurrir el adobo y desechar.

Asar el cerdo, tapado, a fuego medio-caliente e indirecto durante 20 a 27 minutos o hasta que un termómetro marque 145 °.

Dejar reposar por 5 minutos antes de rebanar.

Para la salsa:

En un bol grande, mezclar las fresas, las cebollas verdes, el cilantro, el jugo de limón y la sal.

Luego añadir suavemente el aguacate. Servir con el cerdo asado.

Guiso Ahumado de Albóndigas
a la Mexicana

Una sencilla receta de albóndigas picantes que proporciona una gran alternativa a la carne molida.

Ingredientes: para 4 personas

- 1 ½ cucharadas de aceite de oliva
- 1 cebolla grande, picada finamente
- 400 g de carne picada
- 50 g migas de pan blanco fresco
- 1 cucharadita de comino y cilantro molido
- 1 ½ cucharadas de pasta de chipotle (ver receta a continuación)
- 200 g de arroz basmati
- 400 g de tomates picados
- 400 g de frijoles, escurridos y enjuagados
- Un pequeño puñado de cilantro para servir
- 1 ½ tazas de agua

Preparación:

Calentar 1 cucharada de aceite en una sartén grande. Cocinar la cebolla durante 8-10 minutos hasta que estén suaves, luego retirar de la sartén.

Mientras tanto, coloca la carne picada, el pan rallado, especias y pasta de chipotle en un bol.

Sazonar generosamente y mezclar bien. Formar unas 20 albóndigas del tamaño de una nuez.

Añadir el resto del aceite a la sartén y freír las albóndigas durante unos 8 minutos hasta que se doren por todos lados.

Mientras tanto, cocer el arroz siguiendo las instrucciones del paquete.

Volver la cebolla a la sartén, añadir los tomates, y agregar el agua.

Cocinar a fuego lento por 5 minutos, luego agregar los frijoles y cocinar por otros 10 minutos, hasta que la salsa se haya espesado y las albóndigas estén bien cocidas.

Sazonar las albóndigas y espolvorear con el cilantro. Servir con el arroz.

Pasta de Chiles Chipotles

Si no consigues pasta de chipotle puedes hacerlo tú mismo.

Ingredientes:

- 200 g chiles chipotles
- 4 cucharadas de adobo
- 2 cucharadas de aceite de oliva o de maíz
- 3 dientes de ajo
- 2 cucharaditas de cilantro en polvo
- 1 cucharadita de tomillo
- 1 cucharadita de pimienta negra molida

Preparación:

Mezclar todos los ingredientes en una procesadora de alimentos. Batir por un minuto. Los ingredientes deben quedar mezclados pero no muy cremoso. Bien tapado se puede guardar durante 3 semanas en el refrigerador.

Costilla de Cerdo al Limón

¡Esta receta es para chuparse los dedos!

Ingredientes: Para 6 personas

- 1 kilo de costilla o/falda de cerdo
- 1/2 cebolla cortada en cuadraditos
- 4 tomates grandes cortados en cuadraditos
- 4 chiles güeros frescos cortados en rodajas
- 6 limones
- 3 dientes de ajo finamente picados
- 1/2 kilo de papas cambray cocidas
- Sal al gusto

Preparación:

Marinar la carne, con el jugo de limón, ajo y sal por 2 o 3 horas.

Poner la carne en una olla caliente con un poco de aceite.

Freír hasta que se evapore todo el jugo.

En una olla aparte se fríe la cebolla.

Cuando esté transparente se agregan los chiles y por último el tomate.

Sazonar y dejar por unos 10 minutos.

Luego agregar la carne y las papas.

Revolver bien para que se incorporen todos los ingredientes.

Agregar 2 tazas de agua y dejar hervir por 15 minutos.

Se puede acompañar con arroz blanco.

ENSALADAS

Una Ensalada con Sabor a México

Esta ensalada tiene un sabor tan bueno como parece. Aunque es similar a una tradicional ensalada de taco, esta receta añade sabrosos extras como el brócoli y la zanahoria. Es impresionante en la mesa.

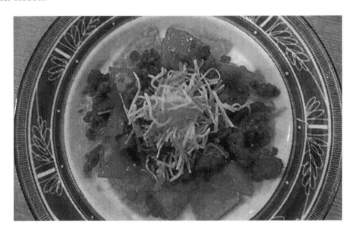

Ingredientes: para 6-8 personas

- 450 g de carne molida
- 450 g de salsa espesa
- 1/4 taza de agua
- 1 sobre de condimento para tacos (ver receta)
- 1 1/2 cabezas de lechuga iceberg, desgarrado
- 3 tazas de brócoli (alrededor de 250 g)
- 1 cebolla roja pequeña, cortada en rodajas finas en anillos
- 1 zanahoria mediana, rallada
- 1 tomate grande, picado
- 120 g de chiles verdes picados

- 1/2 a 1 taza de queso Cheddar rallado
- 1 taza (225 g) de crema agria
- Chips de tortilla, opcional

Preparación:

En una sartén grande, cocinar la carne a fuego medio hasta que pierda el color rosado. Escurrir.

Añadir 1 taza de salsa, el agua y condimento para tacos, llevar a ebullición.

Reducir el fuego y cocinar a fuego lento durante 20 minutos y dejar enfriar.

En un recipiente de vidrio, ordenar las verduras en capas según el orden dado. Arriba de todo esparcir los chiles, la mezcla de carne y el queso.

Mezclar la crema agria y salsa restante.

Servir con chips o tortillas si se desea.

TIP: Usa los aderezos con libertad. En la cocina mexicana, los aderezos – la cebolla fresca en dados, las rodajas de rábano, el cilantro picado, las rodajas de limón, los chiles picados - son parte integral del plato. No se trata de una o dos ramitas de perejil marchitado esparcido sobre el plato. Los aderezos no sólo dan color sino que hacen la diferencia y en la cocina mexicana son elementos esenciales ya que mejoran el sabor del plato. Por lo tanto no seas escaso ni menosprecies los aderezos. Los aderezos dan el toque de frescura y esa brillante acidez que completa un plato.

Ensalada de Papas

Una receta facilísima y que gusta en variadas ocasiones.

Ingredientes: para 6 personas

- 8 a 10 de papas (patatas) medianas rojas, lavadas
- 1/2 taza de mayonesa
- 1 cucharada de chipotles en adobo finamente picadas
- 1 cucharada de jugo de limón
- 1 taza de granos de maíz cocido
- Sal y pimienta

Preparación:

En una olla grande, poner las papas a hervir en agua con sal a fuego alto.

Reducir a fuego lento y cocinar hasta que estén tiernos al pincharlos con un cuchillo, de 15 a 20 minutos.

Escurrir y dejar enfriar completamente.

Cortar las papas en trozos de 1 cm aproximadamente.

En un bol grande, mezclar la mayonesa, los chipotles, el jugo de limón y el maíz.

Agregar las papas y revolver para unir.

Sazonar con sal y pimienta.

Para almacenar, cubrir y refrigerar hasta 1 día.

TIP: La esencia de la comida mexicana es saber equilibrar los diferentes grupos de alimentos. Si tienes un corte graso delicioso de carne que has cocinado para la cena, no es necesario tener gran cantidad si tienes para acompañarlo un delicioso plato saludable de frijoles horneados, algunas tortillas de maíz, un poco de arroz y unas salsas frescas.

Si limitas la cantidad de carne grasa y calorífica que cocinas estarás reduciendo la cantidad de grasas malas y colesterol que consumes.

NAVIDAD Y CELEBRACIONES

Pastel de Navidad

La Navidad es una época del año especial en la cual la comida juega un papel de suma importancia y que por lo general comemos más de lo de costumbre y esperamos comer algo distinto y de sabor inmejorable.

Ingredientes: rinde 15 porciones

- 2 1/4 tazas harina de trigo cernida tres veces
- 4 tazas de nueces en mitades
- 4 tazas dátiles deshuesados
- 3/4 taza azúcar morena
- 4 huevos frescos
- 3 cucharadas polvo de hornear
- 2 cucharadas polvo de clavo de olor

Para la cobertura:

- ½ taza de azúcar
- Un poco de agua
- 2 copas de coñac o brandy

Preparación:

Poner al fuego 2 tazas de agua con el azúcar y el clavo de olor para hacer una miel.

Batir las yemas hasta que hagan espuma.

Agregar la harina cernida con el polvo de hornear, batiendo siempre, la miel (ya fría), los dátiles, las nueces y las claras de huevo batidas a (espuma firme) o punto de nieve.

Mezclar todo bien y luego colocar en un molde de pan previamente engrasado con bastante mantequilla y forrado con papel encerado.

Hornear en horno a 300° C durante media hora.

Probar con un palillo y si éste sale seco y el pan está ligeramente dorado, ya está listo. Sacar del horno, voltear sobre bandeja y quitar el papel con cuidado.

Elaborar un almíbar ligero calentando 1/2 taza de azúcar y un poco de agua. Retirar del fuego y dejar enfriar.

Cuando esté tibia agregar al almíbar 2 copas de coñac o brandy. Echar sobre el pan que estará casi frío.

Tortitas Para Una Fiesta Mexicana

Estas tortitas son ideales para agasajar cualquier festejo. ¡Desaparecen enseguida! ¡Y te llevarán sólo treinta minutos para hacer!

Ingredientes: para 72 porciones
- 2 tazas de mantequilla, ablandada
- 1 taza de azúcar impalpable (azúcar glacé)
- 4 tazas de harina
- 1 cucharadita de extracto de vainilla
- 1 taza de nueces picadas finamente
- Azúcar impalpable adicional

Preparación:
En un bol grande, batir la mantequilla y el azúcar hasta que esté suave y esponjoso.

Agregar la vainilla y seguir batiendo.

Añadir poco a poco la harina y mezclar bien. Añadir las nueces.

Tomar una cucharada de la mezcla y formar una medialuna de unas 4 cms.

Colocar sobre las bandejas para hornear sin engrasar a unos 4 cms de distancia de cada uno.

Hornear a 350° durante 12-15 minutos o hasta que estén ligeramente doradas.

Al sacar del horno, pasar las galletas calientes por el azúcar impalpable y dejar enfriar sobre bastidores de alambre.

Pan de Navidad

El pan de Navidad es infaltable en la mesa navideña de México; y además es delicioso.

Ingredientes: Rinde 15 porciones
- 200 gramos de harina.
- 200 gramos de azúcar granulada
- 200 gramos de mantequilla
- 4 huevos enteros.
- 5 yemas de huevo
- 2 cucharaditas de polvo de leudar
- 1/2 taza de dátiles finamente picados
- 1/2 taza de pasitas finamente picadas
- 1/2 taza de cerezas finamente picadas
- 1/2 taza de almendras peladas y picadas
- 1/2 taza de naranjas finamente picadas

Preparación:

Batir los huevos enteros con las yemas.

Una vez que esponjaron agregar las claras sobrantes de las yemas previamente batidas a punto de turrón (una espuma firme) o punto de nieve.

Cernir juntos la harina y el polvo de leudar tres veces.

Añadir el azúcar y batir unos minutos más.

Luego ya sin batir, sólo revolviendo con una espátula, agregar la harina y la mantequilla diluida pero no caliente.

Agregar después las frutas espolvoreadas con un poco de harina.

Untar de mantequilla un molde de pan de caja forrado con papel encerado y luego espolvorear con harina.

Echar la mezcla y hornear en horno a 250°.

TIP: Para servir una torta después de hornear, hacerlo una vez que la torta se haya enfriado a temperatura de ambiente. Cortar justo antes de consumir para evitar que se seque.

Empanadas Dulces de Calabaza

Estas riquísimas empanadas dulces se comen tradicionalmente durante las fiestas navideñas y muchas veces en Noche Buena.

Ingredientes: Rinde: 14 a 16 empanadas

- Pasteles de masa (ver receta a continuación)
- Calabaza de relleno (ver receta a continuación)
- 1 huevo para pintar (se bate un huevo con una cucharadita de agua)
- 1/2 cucharadita de canela en polvo
- 1/4 taza de azúcar granulada

Preparación:

Preparar una masa de hojaldre y refrigerar.

Preparar el relleno de calabaza y dejar enfriar.

En un bol pequeño, mezclar la canela y el azúcar.

Preparar el horno a 425 grados F. Engrasar ligeramente una bandeja para hornear grande.

Tomar la masa de hojaldre refrigerada del refrigerador y dividir en dos. Luego dividir una de las mitades en ocho unidades. Regresar la otra mitad de la masa de hojaldre al refrigerador para mantener fría hasta que esté listo para usar.

En una superficie enharinada, estirar cada una de las ocho piezas en un círculo de unos 10 centímetros de diámetro y ½ cm. de grueso.

Llenar cada uno de estas masas redondas con unas cucharadas generosas del relleno de calabaza enfriado.

Doblar la masa en dos para formar una media luna y cerrar. Usando un tenedor, presionar los bordes para que queden ondulados. Esto no sólo se ve bien, sino que ayudará a mantener la empanada cerrada después de la cocción.

Con una brocha de cocina, pintar la superficie con el huevo.

Una vez que haya preparado las primeras ocho empanadas y las haya colocado sobre la bandeja de hornear, retirar la otra mitad de la masa del refrigerador y seguir las mismas instrucciones.

Hornear unos 15 minutos o hasta que las tapas y los bordes estén ligeramente doradas.

Espolvoree con la canela y azúcar inmediatamente después de sacarlo del horno.

Estos pueden ser horneados con 1 día de anticipación. Antes de servir, calentar a 350 grados durante 8 minutos.

La masa:
- 7 cucharadas de mantequilla
- 3 cucharadas de mantequilla de cerdo o mantequilla vegetal
- 2 tazas de harina

- 1 cucharadita de sal
- 1 cucharada de agua helada
- 1 huevo grande

Preparación:

Colocar la mantequilla y la mantequilla de cerdo en el congelador durante 15 minutos. Cuando esté listo para usar, retirar del congelador y cortar ambos en trozos pequeños.

Mezclar la harina y la sal con batidora. Añadir la mantequilla y mezclar de manera uniforme.

Añadir la mantequilla de cerdo y seguir batiendo. Agregar el agua helada y el huevo.

Volver a batir. La masa debe mantenerse unida cuando se aprieta en su puño.

Colocar la mezcla en una gran bolsa Ziploc (de plástico, con cierre), se aprieta hasta formar una bola y luego se presiona para formar un disco redondo.

Refrigerar por 30 minutos. Esto da tiempo para que todos los ingredientes húmedos sean absorbidos por la harina.

El relleno de calabaza:

- 2 cucharadas de mantequilla
- 1 taza azúcar moreno
- 1 taza de puré de calabaza*
- 1 cucharadita de canela en polvo
- 1/8 cucharadita de clavo molido
- Ralladura de media naranja

* Para obtener la calabaza con la consistencia suave y espesa utilizar una procesadora de alimentos para hacer el puré y luego tamizar por un colador.

Preparación:

En una cacerola pequeña a fuego medio, derretir la mantequilla. Agregar el azúcar moreno.

Calentar durante unos minutos hasta que el azúcar se disuelve en la mantequilla.

Agregar la calabaza y las especias. Continuar revolviendo a fuego medio durante unos 3 a 5 minutos, o el tiempo suficiente para que la calabaza comience a endurecerse y mantener su forma.

Retirar del fuego y agregar la cáscara de naranja.

Dejar que el relleno de calabaza se enfríe completamente en el refrigerador antes de continuar con el montaje de sus empanadas.

Trabajar con la masa será difícil si el relleno está caliente o tibio.

TIP: Si tienes que cocinar para una ocasión especial nunca pruebes una receta nueva y un ingrediente con el cual no estás familiarizado al mismo tiempo. Es más que probable que algo te salga mal.

Nueces Garrapiñadas

Las nueces confitadas son un favorito en México y presentes en todas las festividades. Se pueden ser hechas con nueces, pecanas, almendras o cacahuetes. Las nueces son más frecuentes durante la temporada de vacaciones de invierno.

Ingredientes: para 8 porciones
- 2 tazas de nueces partidas por la mitad
- 1 ½ tazas de azúcar
- ½ taza de agua
- ¼ cucharadita de canela
- Mantequilla

Preparación:
Mezclar todos los ingredientes en una sartén grande, a fuego medio.

Revolver constantemente con una cuchara de madera hasta que el azúcar se haya derretido y tornado un color marrón. Debe cubrir las nueces de manera uniforme.

Colocar las nueces en una bandeja de horno ligeramente engrasada y dejar que se enfríen por completo y se endurezcan.

Después sacar con la ayuda de una espátula de metal, rompiendo las nueces que se hayan pegado juntos.

Una Variación:

Este es el método tradicional para la fabricación de las nueces confitadas en México. Como alternativa, las nueces revestidos de un almíbar, hecho de azúcar, pueden distribuirse en una bandeja de horno ligeramente engrasada. Tan pronto como el azúcar se haya derretido, hornear en horno a 375 ° F hasta que estén doradas.

Turrón de Frutas y Nueces

Este turrón es un dulce hecho de la leche. Estos dulces obtienen su textura sedosa de la leche azucarada. Son un favorito en las fiestas navideñas.

Ingredientes: para 64 cuadrados de 2 cms

- 8 tazas de azúcar
- 2 tazas de leche
- 1 rama de canela, de preferencia canela mexicana
- 1/2 taza de almíbar (miel) de maíz
- 1/4 cucharadita bicarbonato de soda
- 1/4 cucharadita sal fina
- 8 cucharadas de mantequilla sin sal
- 2 cucharaditas extracto de vainilla
- 1 taza de mezcla de frutas confitadas, cortadas en trozos de ½ cm
- 1/2 taza de nueces pecanas tostadas y picadas
- 1/2 taza de nueces tostadas y picadas
- 1/2 taza de piñones tostados

Preparación:

En una olla de 8 litros, mezclar bien y batir el azúcar, la leche, la canela, el almíbar de maíz, el bicarbonato y la sal.

Llevar a punto de ebullición sobre fuego medio-alto. No revolver la leche. Usar una cuchara de metal para quitar la grasa y eliminar cualquier espuma o sólidos que se elevan a la superficie.

Enjuagar la cuchara en el agua después de cada uso.

Seguir hirviendo, frotando los costados de la olla de vez en cuando con agua para evitar la cristalización del azúcar, hasta que la mezcla se espese y un termómetro de caramelo lea 240 °, alrededor de 30-35 minutos.

Retirar la olla del fuego. Agregar la mantequilla y la vainilla, sin revolver.

Retirar y desechar la canela. Dejar enfriar la mezcla a 180 °.

Engrasar un molde de 20 x 20 cms para hornear. Forrar el fondo con papel mantequilla engrasado.

Revolver la mezcla de leche y azúcar con una cuchara de madera hasta que ya no esté brilloso, unos 5 minutos.

Agregar las frutas, las nueces, las pecanas y los piñones y revolver para que todos los ingredientes queden bien mezclados.

Trasladar al molde para hornear. Alisar la superficie con una espátula de goma. Dejar enfriar hasta que cuaje, aproximadamente 8 horas.

Colocar el turrón fuera sobre una tabla de cortar y cortar en 64 cuadrados de 2 cms.

TIP: Invierte en papel de pergamino para forrar las bandejas y moldes para hornear. De esta manera es facilísimo desmoldar lo horneado y además no queda nada para lavar.

Pastelitos de Chocolate
para Celebraciones

Esta es una versión de chocolate del pastelito para bodas o celebraciones.

Ingredientes: hace 16 pastelitos
- 1 taza de mantequilla, ablandada
- 1/3 taza de azúcar glas o impalpable
- 2 cucharaditas de extracto de vainilla
- 1 3/4 tazas de harina
- 1 taza de nueces pecanas, picadas
- 1/2 taza de chocolate dulce, rallado
- 3/4 cucharadita de canela en polvo
- 1 pizca de sal

Para la cobertura:
- 1/2 taza de azúcar glas o impalpable
- 1/4 taza de chocolate dulce en polvo

Preparación:

En un bol grande, batir la mantequilla y el azúcar glas hasta que esté suave y esponjoso.

Agregar el extracto de vainilla.

En otro bol, mezclar la harina, las pecanas, 1/2 taza de chocolate molido, la canela y la sal. Mezclar bien.

Añadir poco a poco los ingredientes secos a la mezcla de crema.

Envolver la masa en una bolsa de plástico y refrigerar 1 a 2 horas o hasta que esté firme.

Precalentar el horno a 325° F (180°C).

Formar la masa en bolitas de 2 cms.

Colocar las bolitas a unas 3 cms de distancia en una bandeja para hornear sin engrasar.

Hornear 15 a 18 minutos, o hasta que las galletas estén firmes al tacto.

Dejar enfriar 1 minuto en la bandeja de hornear y luego transferir a una rejilla de alambre.

Para la cobertura, cernir el azúcar impalpable y el cacao molido en un recipiente poco profundo.

Mientras las galletitas están todavía calientes, pasarlos por la mezcla para la cobertura y cubrirlos completamente.

PAN

Pan Sazonado

Este pan tiene una textura maravillosa y una corteza firme. Es riquísimo con las sopas cremosas o para acompañar los chiles.

Ingredientes:
- 2/3 taza de agua tibia (temperatura 21° a 27° C, o 70° a 80 °F)
- 1/2 taza de crema agria
- 3 cucharadas de salsa de tomate, cebolla y chile rojo
- 2 cucharadas más de condimento para tacos
- 4 1/2 cucharaditas de azúcar
- 1 1/2 cucharaditas de perejil seco
- 1 cucharadita de sal
- 3 1/3 tazas de harina para pan
- 1 1/2 cucharaditas de levadura seca o levadura fresca

Preparación:

Si usas levadura fresca, mezclar la levadura con el agua tibia, pero sin sobrepasar los 40°, ya que destruiría el fermento vivo. Dejar reposar unos 15 minutos la mezcla de levadura con el agua, hasta que forme burbujas en la superficie. Si usas levadura seca puede evitar este paso, y añadirla directamente a la harina.

Tamizar la harina y la sal en un bol. Hacer un hueco en el centro de la harina, y verter la mezcla de levadura, removiendo a fondo con las manos hasta que la masa se desprenda de los bordes.

Si la masa queda demasiado blanda y húmeda, añadir algo más de harina. Si la masa está muy seca, humedecerla un poco. Las cantidades de agua y harina son siempre aproximadas, ya que depende mucho del grado de absorción de la marca de harina que se use.

Pasar la masa a una mesa enharinada y amasar a fondo durante 15 minutos. Para ello, sujeta la masa con una mano y, con la palma de la otra, estirar la masa extendiéndola hasta que empiece a rasgarse. Doblar luego sobre si misma al mismo tiempo que la retuerces ligeramente (un par de giros). Continuar extendiendo, doblando y retorciendo la masa con un movimiento rítmico y regular.

La masa estará lista cuando no esté pegajosa, se extienda fácilmente y se note suave al tacto.

Untar un bol con aceite ligeramente e introducir dentro la masa. Cubrir con film transparente o repasador, para mantener la humedad, y dejar fermentar en lugar tibio hasta que duplique su volumen, entre 45 minutos y una hora u hora y media, según temperatura del ambiente. Se conoce el punto cuando al presionar con el dedo la huella desaparece muy lentamente.

Pasar la masa a la mesa nuevamente y, haciendo una presión ligera con la palma de la mano, empezar a amasar la masa en sentido circular, doblando los bordes hacia el centro, repitiendo el proceso. Cuando tenga forma redondeada, dar vuelta dejando los pliegues en la base.

Cubrir el pan con un trapo limpio y dejar reposar 10 a 15 minutos.

Repetir el amasado anterior, para dar forma redonda nuevamente. Este amasado es importante para eliminar el exceso de gas generado en el interior de la masa por acción de la levadura. Esta segunda fermentación es la que dará esponjosidad al pan. Colocar el pan sobre una tabla bien enharinada y cubrir con un lienzo seco. Dejar fermentar en sitio cálido durante 50 minutos.

Encender al horno a 230°. Para obtener una atmósfera húmeda introduce una bandeja con agua caliente en la base del horno. Introducir la bandeja del horno a media altura, para que se vaya calentando.

Una vez que el pan haya leudado lo suficiente, hacer una incisión poco profunda en la superficie con un cuchillo muy afilado, para que desarrolle más corteza. Deslizar el pan en la bandeja del horno.

Pulverizar con agua fresca el horno. El vapor es fundamental para la formación de la corteza.

A los 20 minutos, retirar la bandeja con agua del horno. Seguir con la cocción otros 15 a 20 minutos, bajar la temperatura a 200° y dejar acabar el horneado, hasta que el pan esté cocido. Esto se sabe cuando, al golpear la base con los nudillos, suene a hueco.

Pan de Dátil

Se trata de un bizcocho elaborado a partir de ingredientes bien simples – huevos, mantequilla, harina y azúcar – que está salpicado con trocitos de dátiles, pasas y nueces. Estos frutos secos aportan la textura adecuada, y la canela en polvo y la pizca de jengibre añaden aroma y color a la harina con la que se elabora este pan tan característico de la cocina mexicana.

Ingredientes: rinde 12 porciones

- 200 g de dátiles secos deshuesados
- 250 g mantequilla y un poco extra para engrasar el molde
- 8 yemas de huevo
- 200 g azúcar
- 10 claras de huevo
- 120 g de harina y algo extra para enharinar los frutos secos
- ½ cucharadita jengibre
- 1 cucharadita de canela en polvo
- 150 g de nueces

- 50 g de pasas de uva
- 3 cucharadas de azúcar impalpable

Preparación:

Picar los dátiles en trozos no demasiado finos. Reserva.

Ablandar la mantequilla para que sea más moldeable. Mezclar en un bol con los dátiles picados. Reservar.

Introducir en un bol las 8 yemas de huevo y la mitad del azúcar (100 gramos). Con un batidor manual, batir las yemas con el azúcar hasta que la mezcla espese y tome un color prácticamente blanco. Reservar.

Incorporar, poco a poco, cucharadas de mantequilla y dátiles al bol con las yemas azucaradas.

De a poco, mezclar estos ingredientes con la batidora eléctrica en potencia mínima o media. Cuando la masa esté homogénea, reservar.

Para obtener la mantequilla ablandada debe dejarla fuera del refrigerador durante 1 o 2 horas (en función de la temperatura a la que se esté trabajando y de la estación del año) o introducirla en el microondas sólo unos segundos pero procurando que no se derrita completamente.

En otro bol, batir las 10 claras de huevo con la batidora. Cuando empiecen a tener consistencia espumosa, añadir los otros 100 gramos de azúcar y continuar batiendo hasta que se formen picos suaves (punto de nieve ligero).

Incorporar la mitad de las claras a punto de nieve a la mezcla anterior. Revolver realizando movimientos envolventes. Reserva la otra mitad de las claras.

Tamizar la harina junto con el jengibre en polvo y la canela en polvo, pasándola a través de un colador fino para que no queden grumos.

Verter la harina tamizada con las especias al bol de la masa y mezclar durante unos segundos con una cuchara de madera hasta que se combine todo.

Con un cuchillo, trocear 150 gramos de nueces. Enharinar estas nueces junto con las pasas y sacudirles el exceso de harina. Incorporar estos frutos secos a la masa y mezclar bien.

Frecuentemente ocurre que las pasas y las nueces, y otros frutos secos parecidos, quedan en el fondo del pan o bizcocho cuando se hornean. Para evitar que esto ocurra, se debe enharinar estos ingredientes previamente y sacudirles el exceso de harina antes de añadirlos a la mezcla que se introducirá en el horno.

Terminar añadiendo a la masa la otra mitad de las claras que estaban reservadas. Incorporarlas con cuidado hasta que quede una mezcla homogénea.

Calentar el horno a 180°C. Pintar el molde con 1 cucharada de mantequilla derretida y forrar el fondo y las paredes con papel para hornear. Verter la mezcla en el molde e introducir en el horno bien caliente.

Hornear durante 1 hora aproximadamente o hasta que, al introducir un palillo en el centro del pan, éste salga completamente limpio.

Retirar el pan del horno y dejarlo enfriar. Desmoldar tirando del papel para hornear.

Con un colador fino, espolvorear el azúcar impalpable por encima del pan. Cortar en porciones generosas.

PESCADO

Salmón a la Parrilla Bañado con Chile y Crema Fresca al Limón

Los chiles y el limón le dan el sabor típico de México.

Ingredientes: para 4 personas
- 4 filetes de salmón de150 g cada uno, sin piel
- 6 dientes de ajo sin pelar
- 1 cebolla pequeña, cortada en rodajas gruesas
- 1 chile ancho o un chile rojo grande y seco sin semillas y cortados
- 4 cucharadas de azúcar moreno
- 4 cucharadas de vinagre de sidra
- 200 g crema fresca o crema agria
- 1 lima o limón rallado y luego cortado en trozos
- Cilantro picado, para servir (opcional)

Preparación:

Freír en una sartén grande y antiadherente hasta que quede ennegrecido todo el ajo y la cebolla en rodajas, por todos los lados. Retirar, enfriar brevemente.

Pelar los dientes de ajo.

Remojar el chile ancho en agua hirviendo durante 15 minutos, escurrir, y luego echarlo en una batidora con el azúcar, el vinagre de sidra, el ajo, la cebolla y un poco de sal y pimienta. Batir hasta conseguir una salsa suave.

Calentar la parrilla. Untar cada filete de salmón generosamente con la salsa y guardar cualquier restante.

Cocinar a la parrilla o bajo el grill durante 8 minutos.

Mientras tanto, mezclar la ralladura de limón con la crema fresca.

Servir el pescado con la salsa de chile que haya sobrado, una cucharada de la crema fresca y rodajas de limón para exprimir sobre el pescado.

Espolvorear con cilantro, si lo desea, y servir con judías verdes o arroz y una ensalada.

TIP: Para absorber el olor cuando cocinas salmón o cocinas algo de olor fuerte, colocar al lado de la hornalla un pequeño bol de vinagre. Otra manera es: poner un poco de vinagre a calentar sobre fuego bajo después de haber cocinado el pescado. Al evaporar el vinagre, eliminará los olores.

Aguacate con Gambas

Esta es una receta popular por ser delicioso y por ser muy fácil. El aguacate combina a la perfección con el sabor de las gambas, especialmente si se presentan con salsa rosa. Es una receta exquisita para una ocasión especial. Se puede servir como aperitivo o como entrante.

Para que la receta salga más económica se puede utilizar gambas congeladas o langostinos.

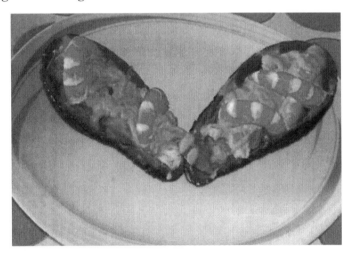

Ingredientes: para 6 personas
- 6 aguacates
- 60 gambas
- 250g de crema fresca o nata
- Salsa rosa o mayonesa al gusto
- Sal y pimiento

Preparación:
Cocinar las gambas en agua con un poco de sal. Una vez cocidas, quítales la cabeza dejando solo las colitas. Eliminar las cáscaras.

Cortar los aguacates en por la mitad en sentido longitudinal. Quitar el hueso y sacar la pulpa con una cuchara.

Aplastar la pulpa con un tenedor y mezclar en un bol con la crema fresca y la salsa rosa. Sazonar.

Rellenar los aguacates con su pulpa aromatizada. Colocar los mariscos sobre ellos y conservar en frio hasta el momento de servir.

Burritos de Pescado y Salsa Tzatziki

Una merienda ideal para los niños activos...y muy nutritivo. ¡Y están listos en 15 minutos!

Ingredientes: para 4 personas

- 1 limón, la cáscara finamente rallada y el jugo
- 700 g filete de pescado blanco sin piel, cortado en tiras
- 2 claras de huevo, batidas con un tenedor
- 100 g de pan fresco, rallado grueso
- 2 cucharadas de aceite
- 200 g salsa tzatziki o yogurt (ver receta a continuación)
- 8 tortillas de harina pequeñas
- Pequeños trozos de lechuga iceberg

Preparación:

Espolvorear la ralladura de limón sobre los trozos de pescado, y condimentar.

Sumergir el pescado en las claras de huevo, luego cubrir con el pan rallado y colocar en una bandeja para hornear. Rociar el pescado con un poquito de aceite. Cocinar sobre la parrilla (grill) durante 2 minutos.

Voltear los filetes y rociar con más aceite. Cocinar sobre la parrilla otros 2 minutos hasta que el pescado esté cocido y las migas de pan estén doradas y crujientes.

Exprimir el jugo de limón en el tzatziki y revolver. Calentar las tortillas.

Para ensamblar los burritos, colocar un puñado de lechuga en los dos tercios superiores de la tortilla, luego colocar 3 filetes de pescado en la parte superior con una buena porción de tzatziki.

Doblar la parte inferior de la tortilla y doble los lados hacia adentro para envolver el relleno.

Para la salsa tzatziki:

- 230 g de yogurt natural
- 2 pepinos pelados, sin semillas y cortados en cubitos pequeños
- El jugo de ½ limón
- 1 cucharada eneldo fresco, picado
- 3 dientes de ajo
- Sal y pimienta al gusto

Preparación:

En una procesadora de alimentos o licuadora, mezclar el yogur, el pepino, el aceite de oliva, el jugo de limón, la sal, la pimienta, el eneldo y el ajo.

Procesar hasta que estén bien mezclados. Pasar a un recipiente, cubrir y refrigerar por lo menos una hora para obtener el mejor sabor.

POLLO

Espirales Mexicanos de Pollo

Un aperitivo muy fácil y apetitoso.

Ingredientes: para 5 docenas
- 225 g de queso crema
- 1 taza de pollo cocido cortado en cubitos
- 120 g de queso rallado
- 1/4 taza de cilantro fresco picado o 1 cucharadita de cilantro seco
- 2 cucharadas de chiles jalapeños frescos (o enlatados) cortados en cubitos
- 2 cucharaditas de comino molido
- 3 tortillas de harina
- Aceite vegetal
- Salsa (ver Glosario)
- Crema agria (ver receta)

Preparación:

En un bol grande, unir la crema de queso, el pollo, el queso rallado, el cilantro, los chiles jalapeños y el comino.

Untar la mezcla uniformemente sobre las tortillas.

Enrollar cada tortilla con fuerza alrededor de la mezcla de pollo.

Envolver herméticamente en bolsa de envoltorio de plástico y refrigerar por lo menos 2 horas.

Justo antes de servir, cortar cada rollo de tortilla en rebanadas de 2 cms.

Colocarlos en una bandeja para hornear engrasada.

Cocer en el horno a 350° durante 12 a 15 minutos o hasta que estén ligeramente doradas.

Servir caliente con salsa y crema agria.

TIP: Cuando se utiliza chiles en latas se deben enjuagar. Quitar las semillas, los tallos y secar un poco con un trozo de papel de cocina. Luego usar de la misma manera que chiles frescos.

Pollo Adobado a la Lima

Este es un plato popular durante el verano caluroso de México. El adobo de naranja y lima le da un sabor fresco y ayuda a mantener la carne tierna y jugosa durante la cocción.

Ingredientes: Para 4 personas

- 1 pollo cortado en cuartos
- 1 cucharada de guindilla molida suave
- 1 cucharada de pimentón
- 2 cucharaditas de comino molido
- El zumo y la cáscara de 1 naranja
- El zumo de 3 limas
- Una pizca de azúcar
- 8-10 dientes de ajos majados
- 1 manojo de cilantro fresco picado grueso y unas ramitas más para adornar
- 2-3 cucharadas de aceite de oliva virgen
- 50 ml de cerveza, tequila o zumo de piña (opcional)
- Sal y pimienta

Preparación:

Colocar el pollo en una fuente que no sea metálica. Mezclar los demás ingredientes en un bol y sazonarlos.

Verter el adobo sobre el pollo, teniendo cuidado de que quede enteramente cubierto.

Tapar la fuente y dejar macerar el pollo a temperatura ambiente durante una hora como mínimo o, si puede, 24 horas en el refrigerador.

Precalentar el gratinador del horno a temperatura media. Sacar el pollo del adobo y secar con papel de cocina.

Poner el pollo en una fuente para horno y gratinar entre 20 y 25 minutos, dándole la vuelta una vez, hasta que la carne esté tierna y, al pincharla por la parte más gruesa, el jugo salga claro.

También se puede asar el pollo en una plancha. Untar el pollo con el adobo de vez en cuando, excepto durante los últimos minutos de cocción.

Adornar el pollo con ramitas de cilantro y servir con cuartos de lima y ensalada de tomate, pimiento verde y cebolleta.

Pollo con Hierbabuena

En esta receta se pueden sustituir las naranjas de guarnición por unas papas al vapor o por arroz blanco salteado. De este modo conseguirá un plato más consistente.

Ingredientes: para 6 porciones

- 1 pollo y medio
- 1 vaso jugo de naranja
- 1 cucharada de cáscara de naranja rallada
- 4 ramitas hojas de hierbabuena o menta
- 4 cucharadas azúcar
- 5 cucharadas vinagre blanco
- Aceite para freír
- 2 naranjas
- Sal y pimienta a gusto
- Caldo de verdura si es necesario

Preparación:

Picar la menta o hierbabuena finamente y mezclar con el jugo de naranja, el azúcar y la cáscara de naranja rallada.

Dejar reposar esta mezcla durante media hora.

Mientras tanto, cortar el pollo en trozos no muy grandes (a octavos).

Lavar y secar bien los trozos.

Salpimentar el pollo a gusto y freír en abundante aceite hasta que la piel esté dorada y crujiente.

Retirar de la sartén y escurrir el exceso de grasa sobre papel de cocina.

Poner a hervir el vinagre en una cazuela y dejar reducir ligeramente.

Añadir el pollo y cocinar a fuego suave hasta que esté tierno, aproximadamente unos 40 minutos.

Si el jugo reduce demasiado, añadir un poco de caldo de verdura o agua, teniendo en cuenta que la salsa debe quedar con una consistencia semejante a la miel.

Pelar las dos naranjas y cortarlas en rodajas gruesas.

Servir estas naranjas junto al pollo, como guarnición.

TIP: Para reducir el picante de una salsa: abrir los chiles y quitarles las semillas y venas.

Otra manera es agregar rebanadas de zanahoria. Esto le ayuda mucho a las salsas de habanero, donde la dulzura de las zanahorias ayuda a que salga el verdadero sabor afrutado del chile.

POSTRES

Cazuela de Piña

Una receta muy sencilla y además, deliciosa.

Ingredientes: rinde 4 porciones
- 1 piña (ananá) mediana madura
- 2 manzanas
- 2 cucharadas de pasas de uva
- 250 gr. de azúcar morena o piloncillo
- 1 taza de zumo de naranja

Preparación:
Pelar la piña y cortar en rodajas. Reservar el jugo. Pelar las manzanas, y quitarles el centro. Cortar en rodajas. Colocarlas junto con las pasas en una cazuela junto con el azúcar morena. Bañar con el zumo de la piña y naranja.

Dejar a fuego lento durante media hora. Servir frío.

Postre de Bananas con Miel y Avellanas

Un postre sano y sabroso de frutas con miel y el toque crujiente de las avellanas. ¡Listo en 25 minutos!

Ingredientes: para 6 personas

- 6 bananas (plátanos)
- ¼ de taza de miel
- 2 cucharadas de jugo de limón
- 2 cucharadas de mantequilla derretida
- 120 g avellanas picadas

Preparación:
Precalentar el horno a 325° F.

Pelar las bananas y cortar cada uno en 3 trozos.

Poner en una fuente para hornear poco profunda.

Revolver la miel con el jugo de limón y la mantequilla derretida y pasar esta mezcla sobre los trozos de plátano con un pincel.

Hornear durante 15 minutos, dando vuelta un par de veces.

Al retirar del horno, espolvorear las avellanas sobre los plátanos y servir caliente.

Se pueden servir en un plato con palillos de dientes o en cuencos individuales con cucharas.

TIP: Al hornear, es importante precalentar el horno unos 10 a 15 minutos antes de comenzar a hornear.

Flan Cremoso de Caramelo

No dejes de probar este delicioso flan cremoso. ¡Ojo! llena enseguida.

Ingredientes: para 8-10 porciones
- 3/4 taza de azúcar
- 225 g de queso crema, suavizado
- 5 huevos
- 400 g de leche condensada
- 340 g de leche evaporada
- 1 cucharadita de extracto de vainilla
- Agua hirviendo

Preparación:
En una cacerola, calentar el azúcar a fuego medio-bajo.

Revolver hasta que se haya derretido y esté dorado, unos 15 minutos.

Verter rápidamente en un molde de hornear o fuente para soufflé con capacidad para 2 litros, sin engrasar.

Dejar reposar durante 10 minutos.

En un bol, batir el queso crema hasta que esté suave.

Batir los huevos, de uno en uno, hasta que se mezclen bien.

Agregar los ingredientes restantes y mezclar bien. Verter sobre el azúcar caramelizado.

Colocar la fuente dentro de un molde para hornear grande de tamaño mayor. Verter agua hirviendo en el molde más grande hasta una profundidad de 2 cms.

Hornear a 350° durante 50 a 60 minutos o hasta que el centro esté cuajado. La mezcla se menea, algo como la gelatina.

Retirar la fuente del molde y colocar sobre una rejilla y dejar enfriar durante 1 hora.

Refrigerar durante la noche.

Para desmoldar, pasar un cuchillo alrededor de los bordes y se invierte sobre un plato de servir.

Cortar en trozos o servir en platos de postre.

Echar la salsa de caramelo sobre cada porción.

DULCES TÍPICOS DE PUEBLA

Mazapanes

Ingredientes: rinde 20 cuadraditos

- 4 tazas de cacahuate pelado y tostado (el cacahuate se puede comprar con cáscara y pelarlo. Puede tostarlo en una sartén hasta que tome un color café dorado pero cuidando que no se queme ya que así sabrá amargo)
- 4 cucharadas de agua
- 4 tazas de azúcar glas (puede moler azúcar en la licuadora hasta que quede pulverizada)

Preparación:

Moler finamente el cacahuate en una licuadora, picadora o procesadora hasta obtener una pasta.

Agregar el azúcar al cacahuate y seguir moliendo hasta formar una pasta cremosa y compacta.

Verter la pasta sobre la mesa y amasar un poco, apretando la masa. No hace falta ningún líquido porque el cacahuate posee mucho aceite.

Tomar una pequeña parte de la masa y hacer una bola aplastando la bola con las manos y luego aplastarla entre las manos para darle la forma de una galleta pequeña.

Otro método sería comprimir la pasta dentro de un molde para galletas apretando bien para que tome la forma de la galleta y luego desmoldar con cuidado.

Envolver el dulce de mazapán con papel celofán o papel engrasado.

Muéganos

Dulce típico de harina de trigo cubierto de caramelo. Pequeñas almohaditas de harina de trigo fritas en aceite vegetal cubiertas de caramelo de azúcar y piloncillo. Su consistencia es crujiente y con un ligero sabor a canela.

Ingredientes: rinde 36 porciones

- 50 g de piloncillo o azúcar morena
- 1 kilo de harina
- 1 huevo
- 1 cucharadita de sal
- 400 ml de aceite vegetal
- ¼ de litro de agua

Para el almíbar:

- ½ kilo de piloncillo o azúcar morena
- 1 ¼ litros de agua
- 1 rama de canela

Preparación:

Triturar el piloncillo.

Disolverlo en el agua y mezclarlo con la harina, el huevo y una cucharadita de sal.

Amasar hasta lograr una pasta consistente. Extenderla con un rodillo, hasta dejarla muy delgada.

Cortar cuadritos de 1,5 centímetros por lado. Freírlos en el aceite y dejarlos enfriar.

Bañarlos con el almíbar de piloncillo, preparado con anticipación.

Dejar hervir el piloncillo restante y la canela en una cacerola con agua hasta tomar consistencia de almíbar espeso.

Los cuadritos se van pegando con el almíbar, de cinco en cinco, para formar los muéganos, que se dejan secar sobre la tabla.

REPOSTERÍA

Tortillas Dulces

Una opción dulce a las tortillas tradicionales. Una receta fácil y popular con los niños.

Ingredientes: para 32 galletitas
- 4 tortillas de harina de aproximadamente 15 cms
- 1/2 taza de pepitas de chocolate semidulce
- 3/4 cucharadita de mantequilla
- 1/4 taza azúcar glas o azúcar impalpable
- 1/4 cucharadita de canela en polvo

Preparación:
Cortar cada tortilla en ocho trozos y luego colocar en horno sin engrasar.

Hornear a 400° durante 10-12 minutos o hasta que estén ligeramente doradas.

Mientras tanto, en un horno de microondas, derretir el chocolate y la mantequilla.

Revolver hasta que esté suave, mantener caliente.

En una bolsa grande de plástico con cierre, mezcle el azúcar glas y canela.

Añadir unos trozos de tortilla a la vez, agitar para cubrir.

Colocar sobre una bandeja forrada con papel engrasado.

Rociar con el chocolate derretido.

Refrigerar hasta servir.

Palomitas de Maíz de Chocolate
al Sabor Mexicano

¡El secreto está en los condimentos!

Ingredientes: para 2 personas
- 3 tazas de palomitas de maíz
- 1 cucharadita de aceite de oliva
- 1 cucharada de cacao en polvo
- 2 cucharaditas de azúcar en polvo
- 1/8 cucharadita de canela
- 1/8 cucharadita de sal

Preparación:
En un bol echar el cacao, el azúcar, la canela y la sal. Mezclar. Rociar las palomitas con el aceite o rociar con aceite en forma de spray. (Los ingredientes secos se adhieren a las palomitas por el aceite). Espolvorear los ingredientes secos sobre las palomitas de modo que todos queden bien cubiertos. ¡Así de fácil!

También se puede colocar todos los ingredientes (después de cubrir con aceite) en una bolsa de plástico y agitar bien.

SALSAS

Salsa de Chipotle

Esta salsa cremosa es muy fácil de hacer y es deliciosa. El sabor ahumado de los chiles le da a esta salsa un sabor especial. No querrás dejar de usarla ya que sirve para acompañar una gran variedad de platos– con burritos junto con arroz y frijoles, o con hamburguesas o pollo.

Ingredientes: Para hacer una taza de salsa

- 20 chiles chipotle
- 1 /2 cebolla grande picada en trozos grandes
- 1/2 cabeza de ajo
- 1 ½ cucharadas de orégano, tomillo y hojas de laurel
- 1 /2 cucharadita de semillas de comino tostadas
- 50 ml de vinagre de vino blanco
- 1 cucharada de azúcar negra
- ½ cucharadita de sal
- 1 cucharada de aceite de oliva

Preparación:

Desechar los tallos de los chiles y quitar las semillas.

Lavar los chiles con agua fría. Ponerlos en una cacerola con suficiente agua para taparlos y cuando hierva, bajar a fuego lento, cocinando por 30 minutos.

Colar los chiles pero no desechar el agua.

En la licuadora, hacer un puré con la cebolla, el ajo, el comino, los chiles y un poco del agua de cocción.

En una cacerola de fondo grueso, calentar el aceite, agregar la pasta de chiles y freír.

Agregar el vinagre, el resto del agua, la sal y el azúcar. Cuando hierve, cocinar a fuego mínimo durante 15 minutos.

Pasar por la licuadora una vez más y hacer una crema. La salsa debe quedar espesa pero no tiesa.

La salsa puede hacerse con antelación ya que se puede guardar por meses en el refrigerador.

Primero, dejar enfriar, luego tapar y guardar en el refrigerador. Volver a calentar antes de servir.

TIP: Para que tu salsa tenga más cuerpo y sea más cremosa: justo antes de colar la pasta, saca un ¼ o 1/3 de taza del agua de cocción y añadirlo a la salsa de tu elección. Esto ayuda a que se amalgame la salsa, pues el almidón en el agua añade cuerpo y una especie de cremosidad. Este truco hace toda la diferencia.

Pasta de Chiles Chipotles

Si no consigues pasta de chipotle puedes hacerlo tú mismo. Se puede usar en muchos platos y para acompañar otros platos.

Ingredientes: rinde 1 ½ tazas aproximadamente
- 200 g chiles chipotles
- 4 cucharadas de adobo
- 2 cucharadas de aceite de oliva o de maíz
- 3 dientes de ajo
- 2 cucharaditas de cilantro en polvo
- 1 cucharadita de tomillo
- 1 cucharadita de pimienta negra molida

Preparación:
Mezclar todos los ingredientes en una procesadora de alimentos. Batir por un minuto.

Los ingredientes deben quedar mezclados pero no muy cremoso.

Bien tapado se puede guardar durante 3 semanas en el refrigerador.

Crema Agria

La crema agria se utiliza en muchas recetas. Puedes utilizar la siguiente receta fácil para salir de un apuro. El sabor es el mismo que la crema agria comprada.

Ingredientes: hace 1 taza
- 1/4 taza de leche
- 3/4 cucharadita de vinagre blanco
- 1 taza crema fresca espesa

Preparación:
Mezclar la leche y el vinagre y dejar reposar por 10 minutos.

Echar la crema espesa en un jarrón de vidrio.

Agregar la mezcla de leche y dejar reposar a temperatura de ambiente durante 24 horas.

Enfriar antes de usar.

TIP: Para conseguir que los aderezos cremosos sean más saludables, sustituir la mitad de la mayonesa por yogur estilo griego.

SOPAS

Sopa de Habas

El secreto de esta sopa es la base aromático con sabor de los tomates, el ajo y las cebollas-llamado recado, es decir, hecho puré y fritas antes de agregar las habas a la olla.

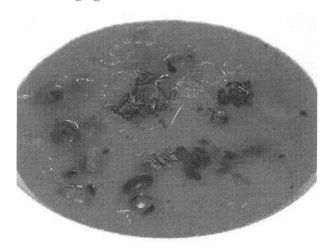

Ingredientes: para 4

- 2 tazas de habas secas sin cáscara
- 1 tomate maduro, picado
- 1 diente de ajo, picado
- 1/2 cebolla amarilla pequeña, picada
- Sal y pimienta recién molida negra, al gusto
- 1 cucharada de aceite de oliva
- 1/4 cucharadita hebras de azafrán machacadas
- 1/4 cucharadita comino molido

Preparación:

Hervir las habas en 4 tazas de agua a fuego alto. Luego bajar el fuego a medio-bajo y cocinar, tapado y revolviendo hasta que estén tiernas, unos 40 minutos.

Mientras tanto, hacer el recado: Mezclar el tomate, el ajo, la cebolla, la sal y la pimienta en una licuadora o procesadora de alimentos y hacer el puré. Reservar.

Calentar el aceite en otra cacerola a fuego medio-alto. Añadir el recado y cocinar, revolviendo constantemente, hasta que comience a espesar, aproximadamente 5 minutos.

Añadir las habas junto con su líquido de cocción, y también el azafrán y comino.

Cocinar revolviendo ocasionalmente, hasta que los sabores se funden y las habas estén muy suaves y se parten en la sopa, a unos 10 minutos.

Sopa de Ternera y Queso a la Mexicana

Esta sopa abundante es popular con personas de todas las edades y puede llevar aderezos para satisfacer los gustos individuales.

Se puede drenar la lata de tomates y agrega carne extra y servir como una salsa espesa ideal para chips.

Ingredientes: para 6 porciones

- 460 g de carne molida
- 1 cebolla mediana, picada
- 1 lata (410 g) de tomates picados con chiles verdes, sin escurrir
- 1 lata (310 g) maíz escurrido
- 450 g queso procesado mexicano o normal en cubos

Preparación:

En una olla grande, cocinar la carne y la cebolla a fuego medio hasta que la carne ya no es de color rosa y escurrir.

Agregar el tomate, el maíz y el queso. Cocinar y revolver hasta que se derrita el queso.

TACOS

Tacos Con Verduras y Ajo

Estos tacos son un favorito de Toluca, México, donde son considerados como una buena, antigua comida campesina.

Ingredientes: rinde 8 a 10 tacos
- 8 a 10 tortillas de maíz (más un poco extra, en caso de que algunos se rompan)
- 1/2 cucharadita de sal gruesa, y algo más
- 6 tazas de hojas de acelga verde o rojo (un racimo de 350 g)
- 1 cucharada de aceite de oliva o aceite vegetal
- 1 cebolla blanca mediana, en rebanadas de ½ cm de espesor
- 4 dientes de ajos, pelados y finamente picados

- 1/4 taza queso fresco mexicano finamente desmenuzado o queso añejo o queso parmesano
- 3/4 taza salsa de tomatillo y chipotle asada (ver esta receta en la categoría Salsas)
- Ramitas de cilantro para adornar

Preparación:

Calentar las tortillas: Coloca un vaporizador de verduras en una olla grande y llenar con 1 cm de agua. Llevar a ebullición. Envolver las tortillas en una toalla de cocina pesada. Colocarlas en el vaporizador, y cubrir con una tapa hermética. Hervir 1 minuto, apagar el fuego y dejar reposar sin abrir durante unos 15 minutos.

Preparar el relleno:

Mientras que las tortillas estén humeando, hacer hervir 3 litros de agua salada en una olla grande.

Agregar las verduras y cocinar hasta que estén apenas tiernas, 1 a 2 minutos.

Escurrir en un colador, y extender en un plato grande o bandeja para hornear para que se enfríen.

Cuando se hayan enfriado lo suficiente como para manejar, picar.

En una sartén grande, calentar el aceite a fuego medio-alto.

Agregar la cebolla y cocinar, revolviendo frecuentemente, hasta que estén dorados, unos 10 minutos.

Agregar el ajo, revolver durante 1 minuto y luego agregar las verduras.

Revolver durante aproximadamente 1 minuto, el tiempo suficiente para que se calienten. Sazonar con sal.

Preparar los tacos: Poner el relleno en una fuente profunda y caliente, y espolvorear con el queso. Servir con las tortillas calientes, la salsa, y algunas ramitas de cilantro.

Tacos de Pescado a la Cerveza

Cuando agregas cerveza a la masa ayuda que el pescado quede dorado al freír.

Ingredientes: para 4 personas

- 1 1/2 tazas rallado col verde
- 2 limones (1 cortado en trozos)
- 1 1/2 cucharada de sal y más a gusto
- 2 tazas de harina
- 1/2 taza de harina de maíz
- 1 botella (340 g) de cerveza oscura
- 1 huevo
- El aceite de canola para freír
- 450 g pargo rojo, sin hueso, sin piel cortado en tiras de unas 3 cms
- 2 cucharaditas de chile en polvo
- 16 tortillas de maíz
- ¼ cebolla roja, en rodajas finas
- 4 ramitas de cilantro, picado
- 1 tomate, sin corazón y picado

- Crema agria o crema
- Salsa picante mexicana

Preparación:

En un bol, mezclar el repollo y el jugo de 1 limón. Sazonar con sal, al gusto y refrigerar.

En otro tazón, mezclar la sal, 1 1/2 tazas de harina, el almidón de maíz, la cerveza y el huevo para hacer una pasta.

Verter el aceite en una fuente de 5 litros a una profundidad de 4 cms.

Calentar el horno a 375°.

Rociar el pescado con chile en polvo y la sal.

Poner la harina restante en un plato.

Pasar el pescado por la harina. Sacudir el exceso de harina.

Meter el pescado en la pasta y freír hasta crujiente, unos 3 minutos.

Poner sobre una rejilla y mantener caliente.

Calentar a fuego medio-alto una sartén. Agregar las tortillas y cocinar, volteando, hasta que estén calientes.

Para servir, juntar 2 tortillas, rellenar con un poco del pescado y el col.

Rociar con una rodaja de limón y decorar con cebolla, cilantro, tomate, crema agria y salsa picante.

Repetir el procedimiento.

TORTILLAS

Desayuno Mexicano

¡La mejor manera de empezar el día es con un buen desayuno! Y un desayuno mexicano no sólo es riquísimo sino también nutritivo.

Ingredientes: Para 2 personas
- 4 huevos
- 4 tortillas de maíz tostadas
- Salsa de tomate mexicana o salsa verde
- 1 papaya
- Aceite
- Sal y pimienta

Preparación:
Pelar y trocear la papaya. Poner en la batidora con un poquito de leche y hacer un batido.

Calentar las tortillas en una sartén, rociando con unas gotas de agua, y colocar las tortillas en los platos.

Extender abundante salsa sobre las tortillas.

Freír los huevos en abundante aceite y colocar sobre las tortillas. Salpimentar.

Se puede añadir cilantro y cebolleta picada sobre los huevos.

Otros ingredientes que podemos añadir entre la tortilla y la salsa son aguacates (palta) cortados en dados y chorizo frito.

Fondue Mexicano con Chorizo y Chiles

Una receta popular por su gran sabor.

Ingredientes: para 4 personas
- 450 g queso Chihuahua o queso Monterey Jack, rallado
- 2 chiles poblanos
- 1 pimiento rojo
- 330 g de chorizo mexicano, sin piel y desmenuzado
- Tortillas de maíz pequeñas, calientes, para servir

Preparación:
Colocar los chiles poblanos y el pimiento directamente sobre la llama de una cocina a gas.

Asarlos, volteándolos con pinzas, hasta que estén dorados y algo quemado, por todos lados. (Otra manera es asar los pimientos sobre una bandeja para hornear, girándolos, hasta que la piel quede tostada o carbonizada).

Transferir a un bol grande y cubrir inmediatamente con una envoltura de plástico. Dejar en ese vapor durante 15 minutos.

Pelar los chiles y pimiento. Desechar las pieles, tallos, semillas y nervaduras. Cortar en tiras de ½ cm. Dejar a un lado.

Calentar una sartén de fondo grueso a fuego medio-alto.

Añadir el chorizo y cocine de 2 a 3 minutos.

Reducir el fuego y agregar el queso y las tiras de pimiento. Cocinar, revolviendo, hasta que se derrita.

Servir inmediatamente colocando sobre las tortillas. Enrollar las tortillas para comer.

Lasagna al Estilo Mexicano

Una lasagna con frijoles y espinaca.

Ingredientes:para 4 personas

- 1 taza de hojas de cilantro fresco
- 4 cebolletas toscamente picada
- Sal gruesa y pimienta molida
- 300 g de espinaca fresca
- Aceite para cocinar
- 8 tortillas de maíz
- 1 lata o 450 g de frijoles pintos, escurridos y enjuagados
- 1 taza de salsa preparada
- 225 g de queso rallado (aproximadamente 2 tazas)

Preparación:

Precalentar el horno a 425 grados.

En una procesadora de alimentos, mezclar el cilantro, las cebolletas, 1 cucharadita de sal y 1/4 cucharadita de pimienta con espinacas, tanto como quepan.

Añadir el resto de la espinaca de a poco.

Rociar el molde con aceite.

Colocar 4 tortillas en el fondo del molde (se solapan ligeramente).

Poner una capa con la mitad de los frijoles, la mezcla de salsa, la espinaca y el queso.

Repetir con los ingredientes restantes, terminando con el queso y presionando suavemente.

Cubrir el molde con papel de aluminio, y colocar en el horno.

Hornear hasta burbujeante, 25 a 30 minutos.

Retirar el papel de aluminio y continuar la cocción hasta que estén doradas, 15 a 20 minutos más.

Dejar enfriar por 5 a 10 minutos antes de servir.

VERDURAS

Escabeche de Cebolla Roja de Yucatán

Las cebollas rojas absorben los sabores del orégano y el comino en este clásico condimento de salmuera, servido con mariscos frescos.

Ingredientes: hace casi dos tazas

- 1 cucharada de sal
- 1 cebolla roja grande, cortada en rodajas longitudinales
- 1 cucharadita de granos de pimienta negra enteros
- 1 cucharadita de orégano seco
- 1 cucharadita de semillas de comino
- 3 dientes de ajo, pelados y en mitades longitudinales
- 1 ½ tazas de vinagre de vino tinto

Preparación:

En un bol mezclar juntos la sal y la cebolla.

Dejar reposar hasta que la cebolla libera parte de su líquido, unos 15 minutos.

Transferir a un pote de vidrio con los granos de pimienta, el orégano, el comino y el ajo y verter el vinagre al final.

Sellar con una tapa. Refrigerar al menos 4 horas antes de usar.

Chilaquiles

Los chilaquiles son un platillo de México elaborado a base de totopos (trozos de tortilla de maíz frito o tostado) bañados en salsa de chile verde o roja generalmente caliente. Similarmente a las enchiladas, este platillo se aliña con ingredientes varios, tales como pechuga de pollo deshebrada, carne asada, chorizo, crema, cebolla rebanada en aros, queso espolvoreado, huevos estrellados, e incluso hojas de lechuga.

Es un plato ideal para utilizar las sobras de dichos alimentos. Es considerado por costumbre un alimento matinal, sirviéndose casi siempre a la hora del desayuno.

Ingredientes: para 4 personas

- 2 chiles colorado
- 1 lata de tomates enteros
- 225 g tortilla picada en tiras
- ¼ taza queso Parmesano rallado
- 1 ½ tazas de caldo de pollo
- 1 ½ tazas de pollo cortado en tiritas

- Sal al gusto
- 3 dientes de ajo picados finamente
- 1 cebolla grande cortada finamente
- ¼ cucharadita de comino
- Aceite (para freír la tortilla)
- ¼ taza de cilantro cortado finamente
- 1/3 taza crema agria (para acompañar)

Preparación:

En una licuadora, licuar los tomates con el jugo y los chiles. Mezclar hasta formar una crema.

En una sartén grande calentar el aceite.

Agregar 2/3 de la cebolla y cocinar sobre fuego medio alto hasta que se han dorado los bordes, unos 6 minutos. Agregar el ajo y cocinar un minuto más.

Agregar el puré de tomate y dejar hervir en fuego bajo unos 5 minutos, revolviendo hasta que se haya espesado ligeramente.

Agregar el caldo y hervir sobre fuego alto hasta que se haya espesado, unos 2 minutos.

Sazonar con sal y quitar del fuego.

Agregar de a poco a la salsa, los trozos de tortilla, asegurando de que queden bien cubiertos.

Espolvorear con la cebolla picada restante, el pollo y el queso.

Luego agregar una cucharada de crema agria por encima de los chilaquiles y espolvorear con el cilantro.

Servir inmediatamente.

Variación: si quieres preparar unos chilaquiles vegetarianos, sustituir la carne de pollo por dados de tofu rehogados y maíz en grano.

Chilaquiles con Huevos

La palabra chilaquiles viene del náhuatl, de la palabra chīlaquīlli, que significa 'metidos en chile' en referencia a los totopos y es un platillo mestizo.

Ingredientes: para 10 personas

- ¼ taza de cebolla picada
- 2 tazas de aceite para freír
- 30 tortillas de maíz cortadas en tiras
- 6 huevos batidos ligeramente
- lata de salsa de tomate picante
- ½ taza de agua
- ½ taza de queso rallado
- cucharaditas de sal

Preparación:

Calentar bien el aceite en una sartén grande.

Agregar la cebolla y tiras de tortilla.

Freír hasta que los tiras de tortilla estén crocantes y dorado.

Quitar del fuego y escurrir sobre papel de cocina.

Escurrir el aceite dejando sólo una pequeña cantidad.

Poner las tortillas nuevamente en la sartén y sobre fuego medio, agregar los huevos.

Sazonar con sal.

Cocinar y revolver hasta que los huevos estén firmes.

Agregar la salsa de tomate y el agua a la sartén.

Reducir el fuego y mantener hirviendo a fuego lento hasta que se haya espesado, unos 10 minutos.

Espolvorear con el queso. Continuar cocinando hasta que el queso se haya derretido.

Servir con frijoles.

TIP: Recicla. La salsa y los chips de ayer son la sopa de tortilla de hoy o el plato de chilaquiles de mañana. Es bueno para el planeta, y tiene buen sabor, también.

Papas a la Mexicana

Patatas fritas picantes con crema agria para sazonar da un sabor mexicano a tu plato del día.

Ingredientes:para 4 personas

- 500 g papas (patatas)
- 1 cucharada de aceite de oliva
- 1 cebolla, finamente picado
- 1 diente de ajo, finamente picado
- ½ cucharadita de chile suave en polvo
- ½ cucharadita de pimentón
- 1 cucharadita de comino
- ½ cucharadita de pimienta
- Crema agria, para servir

Preparación:

Hervir las papas durante 5 minutos.

Mientras tanto, calentar el aceite en una sartén y rehogar la cebolla durante 8 minutos.

Agregar el ajo y las especias y freír durante 2 minutos más.

Escurrir las papas y verter a la mezcla de cebolla.

Subir el fuego y revolver las papas de modo que todas estén cubiertas.

Cocinar por 10 minutos más hasta que estén tiernas.

Luego servir con crema agria, espolvoreado con un poco de pimienta.

TIP: Las especias: Sazonar los alimentos con especias mexicanas como canela, clavo de olor, pimienta de Jamaica y orégano te dará un sabor intenso y delicioso a la comida. Al comer alimentos que están llenos de sabor (en lugar de alimentos bajos en grasa, insulsos que son especialmente orientados para personas que hacen dieta) te hará sentir más satisfecho con lo que has comido y con menos deseos de comer algo insaludable después.

Verduras en Escabeche

La receta de verduras en escabeche es una comida saludable y sabrosa de Campeche, México. Es un preparado versátil que se puede emplear en diferentes ocasiones y es práctico tener listo para cualquier improvisto.

Ingredientes: para 8 porciones
- 4 calabacitas
- 4 papas chicas
- 4 zanahorias
- 1 coliflor
- 1 cebolla morada
- 250 g ejotes
- Aceite de oliva
- Hierbas de olor molidas
- Orégano
- Vinagre
- Sal y pimienta al gusto

Preparación:

Cortar la coliflor en ramitos, la cebolla en rodajas y las demás verduras en rajitas, o tiras finas y alargadas.

Sumergir en agua durante quince minutos aproximadamente, las verduras que acaban a de hervir. Escurrir y lavarlas con agua fría.

Colocarlas en un recipiente con vinagre. Agregar el aceite de oliva, las hierbas, el orégano, la sal y pimienta. Dejar curtir durante doce horas por lo menos.

Papas con Queso de Cabra
y Crema de Chipotle

Esta es una receta muy tentadora.

Ingredientes: para 6 personas

- 1 kilo papas (patatas), peladas y troceadas
- 1 pizca de sal
- 1 pizca de azúcar
- 200 ml crema (nata) fresca espesa
- 125 g caldo de pollo o de verduras
- 3 dientes de ajos picados
- Un chorrito de salsa chipotle (ver receta)
- 225 g queso de cabra en lonchas
- 175 g queso Mozzarella o Cheddar rallado
- 50 g queso Parmesano o Pecorino (de oveja) rallado

Preparación:

Cocinar las papas en una cazuela con agua, la sal y el azúcar durante unos 10 minutos.

Mezclar la nata fresca con el caldo, el ajo y la salsa chipotle.

Colocar la mitad de las papas en una cazuela de barro.

Verter la mitad de la crema de nata y añada el queso de cabra.

Distribuye por encima el resto de las papas y la salsa.

Espolvoréelas con el queso rallado, primero con el Cheddar y después con el parmesano.

Hornear las papas en el horno precalentado a 180 grados C, hasta que estén tiernas y la capa de queso, ligeramente dorada.

Servir enseguida.

TIP: Aspira usar más los ácidos. En la cocina mexicana el sabor ácido, en particular del jugo de lima o limón, son necesarias para equilibrar los sabores intensos y las especias, especialmente en pozoles, ceviches y tacos.

*****

GLOSARIO

Aguacate

El aguacate es sinónimo de la palta. Es una fruta delicada, deliciosa y saludable. Se utiliza para hacer guacamole. Picado en trozos pequeños es ideal para una ensalada o usar en rebanadas para adornar muchos platos mexicanos. Se utiliza cuando están algo blandos. Pelar y quitar la semilla y usar como indique la receta.

Antojitos

Los antojitos o comida de la calle son un tipo de aperitivo que forma parte de la cultura mexicana y hay una inmensa variedad. Generalmente es un alimento a base de maíz, rico en grasas (muchas veces frito) y acompañado de una salsa de chile; generalmente es parte de una comida rápida e informal. Son muy nutritivos y pueden constituir una comida muy completa.

Azúcar Impalpable

También se conoce como azúcar glacé o azúcar glas.

Banana

También conocido como plátano.

Burrito

El burrito es un tipo de comida mexicana que consiste en una tortilla de harina de trigo enrollada en forma cilíndrica en la que se rellena de carne asada y frijoles refritos. En contraste, un taco es generalmente formado al doblar una tortilla a la mitad alrededor de la carne, dejando el perímetro semicircular abierto.

Cacahuete

Sinónimo de cacahuate o también maní.

Cajeta
También es conocido como dulce de leche. Es un dulce tradicional de México elaborado con leche de cabra y azúcar. Debe su nombre al recipiente en que se guardaba.

Camarón
Es un nombre genérico que se da a varias especies de crustáceos de cola carnosa. Equivale a la gamba o el langostino.

Carne Asada
La carne asada se hace con filetes de falda o arrachera (matambre) marinado en jugo de lima o naranja con orégano, sal y cebollas. Se asan (grill) sobre un fuego caliente y luego se cortan en trozos pequeños y se sirven en tacos blandos o como burritos con una variedad de condimentos de alimentos mexicanos.

Chilaquiles
Los chilaquiles son un platillo de México elaborado a base de totopos (trozos de tortilla de maíz frito o tostado) bañados en salsa de chile verde o roja generalmente caliente. Es un plato ideal para utilizar las sobras de dichos alimentos. Es considerado por costumbre un alimento matinal, sirviéndose casi siempre a la hora del desayuno. La palabra chilaquiles viene del náhuatl, de la palabra chīlaquīlli, que significa 'metidos en chile' en referencia a los totopos y es un platillo mestizo.

Chiles
Los chiles, junto con los frijoles y las tortillas, son los productos más característicos de la cocina mexicana. Los chiles aportan sabor, color, textura y aroma…y con el toque picante, avivan cualquier plato. Están presentes en todas las comidas o en salsas, sean crudos, guisado o frito.

Existen más de 60 variedades de chiles. Estas varían en su tamaño, color y sabor variando desde muy suave a un picante fuerte. La mayoría de los chiles frescos son muy picantes. Los chiles suaves se suelen consumir rojos y secos. En México les gusta el chile muy picante majado en forma de cayena molida. Las variedades suaves como el chile pasilla, ancho, mulato y negro, una vez mezclados, dan lugar al condimento de inconfundible sabor que suele denominarse guindilla molida suave. Están los chiles frescos y los chiles secos.

Chiles Chipotle

Los chipotles son los chiles jalapeños que se secan ahumado. Son rojo oscuro y arrugados. Su sabor es muy particular y delicioso. Son picantes. Se utilizan para salsas, adobos y enteros, se usan para sopas y guisos. Se puede comprar ya listo, preparado en un aderezo.

Chiles Güero

Los chiles güero o güeritos son pequeños, amarillos y puntiagudos en la punta. Son picantes. Se utilizan fresco o al escabeche.

Chiles Jalapeño

Son los más populares de los chiles mexicanos. Pueden ser rojos o verdes, con forma curvada y miden de 4 a 6 cms. Son carnosos de rico sabor y picantes. Se utilizan mucho y son ideales para rellenos y escabeche con zanahorias y cebollas como también como condimento en salsas y muchos otros platos. EL jalapeño es ideal para utilizar para hacer salsas ligeras ya que tienen un sabor fuerte pero no tan picante como otros chiles.

Chiles Poblano

Son grandes y de color verde oscuro y disminuye su tamaño en la punto. Son los mejores para rellenar. Pueden ser suaves o bastante picantes. Se cortan en rajas o se muelen para sopas. Se asa y se pela antes de usarlo.

Chiles Verde

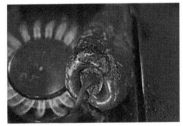

Este chile es medianamente largo, de color verde claro de sabor suave y perfecto para rellenos. En México también los usan picado o los hacen puré para agregar a salsas, las sopas o cazuelas. Su piel es dura pero sale fácilmente si primero se quema un poco sobre una llama y luego se deja al vapor en una bolsa de papel durante unos minutos.

Cilantro

Es una hierba usada por todo el país para realzar el sabor de salsas y muchísimos platos. También se usa por su color verde brillante para adornar los diversos platos.

Condimentos mexicanos

Hay otros condimentos frecuentes en la cocina mexicana aparte de los chiles. Son muy comunes la pimienta negra, el clavo, la canela, el cacao y el comino al igual que hierbas como la mejorana, la menta, el orégano, el epazote y el cilantro fresco. Las cebollas y el ajo son la base de las salsas y los cuartos de lima o limón acompañan los platos de carne, pescado o sopa.

Crema

En las recetas, la crema es sinónimo de crema fresca de leche o nata.

Curtido

Encurtido es el nombre que se da a los alimentos que han sido sumergidos (marinados) en una solución de sal, y que fermentan por sí solos o con la ayuda de un microorganismo inocuo en el cual baja el pH y aumenta la acidez del mismo con el objeto de poder extender su conservación. El agente utilizado es el vinagre que posee un pH menor que 4,6 y es suficiente para matar la mayor parte de las necrobacterias. El encurtido permite conservar los alimentos durante meses. Se suele añadir hierbas a la marinada.

En la región de Mesoamérica se conoce como curtido. En México, el curtido consiste de zanahoria, cebolla, y chiles jalapeños y se usa para acompañar comidas siendo común en taquerías y restaurantes.

Ejote

Son vainas aplanadas y alargadas, en cuyo interior se dispone un número de semillas. Se conocen con muchos nombres según el país: judías verdes, chauchas, habichuelas, porotos verdes, frijoles verdes, vainitas entre otros.

Enchiladas

En México la enchilada se elabora con tortilla de maíz bañada en alguna salsa picante utilizando chile en su preparación. La enchilada puede ir acompañada o rellena de carnes —pollo, pavo, res o queso; además de ser acompañada de alguna guarnición adicional, que generalmente consiste en cebolla fresca picada o en rodajas, lechuga, crema de leche y queso.

Epazote

Es una hierba de origen mexicano de hojas largas y color verde oscuro. Su aroma es muy particular y es picante Se utiliza mucho para la elaboración de salsas para pescados, mariscos, carnes, frijoles, así también en muchos guisos y tamales.

Fécula de Maíz

La fécula de maíz o almidón del maíz se la conoce mejor por el término de 'maicena' o 'maizena' aunque estos dos nombres se refieren a la marca y no al producto. La fécula de maíz es una harina blanca muy fina y se usa en la repostería o para espesar las salsas etc.

Fondue

La fondue es una palabra francesa. El plato consiste en sumergir con un pincho pequeñas piezas de alimentos en líquidos calientes como queso derretido, aceite o chocolate, en una pequeña olla de barro cocido o de hierro fundido, común para todos los comensales y colocada en el centro de la misma mesa.

Los comensales se sirven valiéndose de un pincho metálico de dos o tres puntas, con el que introducen en el queso trozos de pan, trozos de carne en el aceite, o de frutas en la variante de chocolate.

Fresa

Sinónimo de frutilla

Frijoles

También se conocen como habichuelas o porotos, alubias o judías; son un tipo de legumbre. Es uno de los alimentos básicos de la dieta mexicana. Se comen todos los días en guisos o como relleno de una tortilla. Hay muchas variedades (bayo, ayacote, meco, negro, roja, canario, catarino). Hay muchas maneras de preparar los frijoles como por ejemplo, borrachos, de olla, refritos, colados, charros, enchilados, maneados, puercos, etc.

Frijoles Secos – su preparación

Colocar los frijoles en una cacerola grande. Cubrir con agua y dejar en remojo durante la noche. Escurrir y enjuagar. Agregar más agua, el doble del volumen de frijoles. Cocinar hasta que estén tiernos. Sazonar y servir.

Guindilla

Es un chile pequeño de color verde o rojo y muy picante. Se utiliza mucho en la cocina mexicana. Es de aroma intenso y pulpa fina.

Leche Evaporada

Es la leche entera, que en su proceso de elaboración se le ha quitado cerca de un 60 % del agua existente en la leche. No contiene azúcar agregada. Queda más espesa que la leche común pero más líquida que la leche condensada.

¿Lima o Limón?

En la gastronomía mexicana se utiliza mucho la lima. La lima es parecida al limón pero no es igual. La lima suele ser más pequeña y con cáscara verde y el limón suele ser de cáscara amarilla y puede llegar a ser mayor de tamaño.

El jugo de limón es más ácido y las limas son más nutritivas.

En la gastronomía se utiliza frecuentemente el jugo de limón en las marinadas, los aderezos para ensalada y sobre el pescado para resaltar el sabor del alimento. Su acidez hace que la comida sepa más dulce y menos ácida. Por ejemplo, el limón se acompaña con la miel en las infusiones.

Para que la comida sepa más picante se utiliza más bien el jugo de lima. El jugo de lima también se usa con mayor frecuencia en los postres que el limón.

Marinar

Se pone a reposar un pescado en jugo de lima, limón, vinagre o vino y hierbas aromáticas por un tiempo determinado.

Papas

Es sinónimo de patatas.

Pastel

Es sinónimo de torta o tarta.

Piloncillo

Se refiere al azúcar oscuro sin refinar. Se sustituye con azúcar morena.

Pimiento Morrón

Morrón, ají morrón, pimiento, chile morrón, pimiento morrón o pimentón es el nombre dado a cierta variedad de chile cuya característica es la ausencia de sabor picante. Los pimientos morrones son nativos de México, América Central y norte de Sudamérica.

El pimiento morrón cuando está verde es menos dulce. Los morrones pueden consumirse verdes (inmaduros) o maduros, pudiendo ser estos últimos de color rojo, amarillo o naranja, dependiendo de la variedad. A diferencia de los ajíes o chiles, que son picantes, los morrones poseen un sabor suave y un cuerpo carnoso, son generalmente de gran tamaño y tienen una característica forma entre cuadrada y rectangular, mientras que los ajíes tienden a tener forma de vaina.

Es un ingrediente tradicional de las comidas de muchos países tanto como condimento como por su color en la decoración de los platos.

El pimiento morrón desecado y molido, suele denominarse pimentón y paprika.

Quesos

¡Los mexicanos no usan el queso amarillo! Cuando la receta trae un queso que se derrita puedes usar el queso Monterey Jack o queso Chihuahua. Si deseas un queso más fuerte y seco para utilizar con tacos, guacamole o ensaladas puedes utilizar queso Fresco.

Queso Cheddar (Inglaterra)

Su uso es muy versátil. Se puede disfrutar de este queso con un buen pan crujiente, o galleta salada, con frutas y nueces o en bocadillo. Es ideal en una tabla de quesos y en la cocina donde se usa para gratinados, para elaborar salsas de queso o fundido.

Queso Chihuahua (México)

Es parecido al Cheddar o al Monterey Jack, dependiendo de cuánto tiempo ha sido envejecido.

Es excelente para fundir. Se puede utilizar fundido para quesadillas, chilaquiles, o salsas y es especialmente bueno para hacer el queso frito y empanadas.

Queso Monterey Jack (Estados Unidos)

Se funde fácilmente. Es ideal para sándwiches y platos cocinados. Si es un queso más maduro se puede utilizar para rallar.

Queso Mozzarella (Italia)

Es un buen queso para servir solo cortado en lonchas, con un buen aceite de oliva virgen o alguna fruta. Se utiliza para la ensalada tricolor, con lonchas de tomate y aguacate, o servirla con gajos de naranja y aceitunas, o con pimientos rojos y verdes asados y tiras de tomates secados al sol. Al cocer resulta muy hiloso. Es el queso ideal para las pizzas.

Queso Parmesano-Reggiano (Italia)

Su mayor uso es rallado como condimento para platos de pasta o sopa, o en virutas finas para ensaladas, aunque en realidad es un queso sumamente versátil ya que se puede usar en una gran variedad de recetas

Rajas

Estas son los chiles poblanos tostados, cortados en juliana.

Salsa Mexicana

Esta salsa es el plato más típico de México ya que es el plato básico de cualquier receta mexicana. Los ingredientes básicos son el chile verde, cebolla y tomate picado finamente, cilantro y especies. Pero cada cocinero tiene su forma particular de hacerla así que en la práctica no se encuentra dos salsas con el mismo sabor.

Las salsas se pueden elaborar con los alimentos crudos o cocinados. Se sirve a menudo como entrante con chips o para realzar cualquier plato, desde huevos a platos principales.

Tacos

Un taco es una tortilla doblada en dos con una especie de relleno que varía dependiendo de cada región. La mayoría de los tacos están hechos con tortillas de maíz, a excepción del norte donde predominan las de harina de trigo.

Hay dos tipos de tacos: los fritos y los blandos. Ambos se elaboran con tortillas de maíz.

Para los tacos fritos, freír en poco aceite, luego doblar por la mitad y rellenar con carne o pollo desmenuzado. Luego agregar lechuga, tomates, queso y un poco de salsa fresca.

Los tacos blandos no son fritos. Se calientan y luego se rellenan con carne asada al grill o filete marinado, carnitas de cerdo o pescado frito.

Tortillas

Estas son discos redondos de masa de maíz o de harina que se tuestan brevemente. Sustituyen al pan de trigo y se usan para envolver en ellas los alimentos. Las tortillas suelen ser de trigo en el norte de México mientras ue en el sur suelen ser de maíz. La tortilla es uno de los alimentos básicos de la cocina mexicana. Si la tortilla de maíz se come recién hecha, es un taco tierno, si se fríe, se torna crujiente.

Las tortillas se utilizan en muchísimas recetas mexicanas de diversas maneras. Algunas de ellas son:

Tostadas es el nombre dado a la tortilla frita y son crujientes.

Enchiladas: son las tortillas de maíz secas (que no se desperdician) dobladas en dos, mojadas en salsa, acompañadas de pollo deshebrado, queso y crema.

Taco: es una tortilla de maíz enrollada con cualquier relleno. Si es elaborada con harina se llama burrito.

Chilaquiles: son las tortillas de varios días cocinadas, fritas y recubiertas en salsas y otros ingredientes como queso o crema..

Cortadas en cuatro: se doblan y sirven de cuchara. Los mismos triángulos tostados o fritos se llaman totopos.

Nachos son hechos de las tortillas de maíz recién hecho y cortadas en triángulos pequeños.

Totopos
La tortilla cortada en triángulos, tostada o frita se conoce como totopos. Es crujiente y se utiliza mucho para acompañar los frijoles, las salsas, el guacamole, etc.

*****

Estimado Lector

Nos interesa mucho tus comentarios y opiniones sobre esta obra. Por favor ayúdanos comentando sobre este libro. Puedes hacerlo dejando una reseña en la tienda donde lo has adquirido.

Puedes también escribirnos por correo electrónico a la dirección *info@editorialimagen.com*

Si deseas más libros como éste puedes visitar el sitio de **Editorialimagen.com** para ver los nuevos títulos disponibles y aprovechar los descuentos y precios especiales que publicamos cada semana.

Allí mismo puedes contactarnos directamente si tienes dudas, preguntas o cualquier sugerencia. ¡Esperamos saber de ti.

Más Libros de Interés

Las Más Fáciles Recetas de Postres Caseros

Esta selección contiene recetas prácticas que, paso a paso, enseñan a preparar los postres, marcando el tiempo que se empleará, el coste económico, las raciones y los ingredientes.

Recetas de Carnes - Selección de las mejores recetas de la cocina británica.

La carne es la protagonista en la mayoría de los platos de muchas culturas y naciones del mundo. Te ofrecemos más de 90 de las más populares recetas inglesas de diversas carnes que incluyen también aves y caza, tartas con carne, recetas de carne con gelatina, salsas para acompañar a las carnes y además, rellenos para las carnes.

Recetas de Pescado - Pescado y Salsas con sabor inglés.

Algunas recetas populares y a la vez muy fáciles, de la cocina británica. Se presentan diferentes maneras de cocinar el pescado, como así también tartas de pescado y salsas para acompañar el plato.

Recetario de Tortas con sabor Ingles

Si buscabas recetas de cocina británica este libro es para ti. El mismo contiene una selección de recetas de tortas con sabor inglés. Incluye 80 recetas para toda ocasión, las cuales van desde lo más sencillo hasta lo más especial, como por ejemplo, una boda.

Cupcakes, Galletas y Dulces Caseros: Las mejores recetas inglesas para toda ocasión

En este libro de recetas te ofrezco cerca de 100 de las más populares recetas inglesas con las cuales podrás sorprender a tu familia o tus invitados, ofreciendo un detalle sabroso que seguro apreciarán.

Recetas Vegetarianas Fáciles y Baratas - Más de 100 recetas vegetarianas saludables y exquisitas

Si buscabas recetas de cocina vegetariana este libro de recetas es para ti. El mismo es un recetario que contiene una selección de recetas vegetarianas saludables y fáciles de preparar en poco tiempo. Este recetario incluye más de 100 recetas para toda ocasión, y contiene una serie de platos sin carnes ni pescados, con una variedad de recetas de Verduras, Huevos, Queso, Arroz, Ensaladas.

38161037R00081

Printed in Great Britain
by Amazon